经管新概念系列

●天才老板与非凡雇员●

比非常好还好

[美] 戴尔·道腾 著

李薇 吴鸿斌 译

Better than perfect

中国社会科学出版社

图书在版编目（CIP）数据

图字：01-2008-1659 号

比非常好还好/〔美〕道滕著；李薇、吴鸿斌译．
—北京：中国社会科学出版社，2009.1

书名原文：Better than Perfeat

ISBN 978-7-5004-7435-7

Ⅰ. 比… Ⅱ. ①道…②李…③吴… Ⅲ. 企业管理：
人事管理-激励 Ⅳ. F27292

中国版本图书馆 CIP 数据核字（2008）第 192767 号

出版策划	任　明	
特邀编辑	大　乔	
责任校对	安　然	
封面设计	弓禾碧	
技术编辑	李　建	

出版发行	中国社会科学出版社		
社　　址	北京鼓楼西大街甲 158 号	邮　编	100720
电　　话	010—84029450（邮购）		
网　　址	http://www.csspw.cn		
经　　销	新华书店		
印　　刷	北京奥隆印刷厂	装　订	广增装订厂
版　　次	2009 年 1 月第 1 版	印　次	2009 年 1 月第 1 次印刷
开　　本	880×1230　1/32		
印　　张	6.375		
字　　数	103 千字		
定　　价	23.00 元		

目　　录

目 录

比非常好还好

序

  "你让我想成为一个更好的男人。"杰克·尼科尔森[①]（Jack Nicholson）在电影《尽善尽美》（*As Good As It Gets*）中说道。我为那些尽善尽美的人，为那些在改进他们的绩效上做得很好以至于不愿再提升周围绩效的各个阶层的男女们找寻工作单位时，这句最好的恭维一直萦绕在我的脑海里。

---

  ① 杰克·尼科尔森，美国影坛实力派演员。曾十多次获奥斯卡奖提名，三次捧得金像奖。1994 年荣获美国电影学院颁发的终身成就奖。在电影《尽善尽美》中表演出色，荣获第 70 届奥斯卡奖最佳男演员。

《尽善尽美》剧照

序

我最终想到这些人需要"超越完美"。为什么会有这样奇怪而且似乎有些不合逻辑的用语呢？为了解释这个，需要告诉你那次我遇到世界上最棒的法国长笛大师——让·皮埃尔·朗帕尔①（Jean-Pierre Rampal）的故事。我当时住在洛杉矶郊外，听说大师将来市内的一所大学给高级音乐讲习班授课。虽然我并不演奏长笛，但我也决定去看看。就这样我走进了大师的课堂，众多天才超卓的音乐神童们为大师演奏并聆听大师对乐章的理解和演绎。大师的演绎有时候是如此引人入胜和与众不同，以至于我问他在拿作曲家所写的曲子做实验时，他将走多远？他想了一下，皱着眉头，然后回答说："有些晚上我出去完美地弹奏了一曲，第二天晚上我弹奏得比前一天更好。"

从那天起我就开始思考像"超越完美"（better than perfect）这样超乎寻常的表演。

并且，那些伟大的人们——大师们，不是不仅仅做完自己的工作吗，他们还同同行试验，这样当你正好认为他们很完美时，他们会以一些更好的事情让你感到惊讶。这难道不是天才的精髓所在吗？

成为一个工作场所的英才需要什么呢？通过对成百上千这

---

① 让·皮埃尔·朗帕尔，法国长笛演奏家，法国管乐五重奏团和巴黎巴罗克合奏团的创始人。1947年荣获日内瓦国际比赛大奖。1956—1962年任巴黎国立歌剧院管弦乐团首席长笛。

样的人物的研究，我相信那些超越完美的同事具有我们都有的
特征——他们只不过过得更鲜活些。这也是为什么我认为讲述
他们的故事和他们的工作生活很重要——为了让我们记得我们
中最杰出的那些人。

我们带着成为一个与众不同的人的决心来到工作场所，要
特别，要贡献我们的才智并且因此而被大家所知。慢慢的，这
些崇高的抱负被消耗殆尽，正是由于莎士比亚称为的"爆发的
理由"。我们努力工作，我们胜任；某个时候我们忘记了，每一
个工作的人都被人性的光辉之处所信托。

所以，用这本书，我邀请你加入到赞美伟大的执行官、雇
员、供应商和顾客的行列。这样做，让我们不仅能从他们身上
学习，而且能铭记我们中最优秀的分子。

———————————

为了用易读易记的方式传业授教，我曾经邀请商业天才曼
克斯·艾尔默（Max Elmore）做我们的指导，这次请他的侄子
做我们的三方式会谈的讲述者。

导　言

公司的宝石

我一直在寻求的就是能够毫不虚伪矫作的幸事。

——凯蒂·奥尼尔·柯林斯

（Kitty O'Neill Collins）

未成为天才前，我是个苦工。

——伊格兰斯·詹·帕德雷夫斯基

（Igrance Jan Paderevski）

————————————

"噢，赶紧来吧。"我坚持说，"这会让你精神振奋的。我会付账。"

安吉丽娜——我的女朋友兼准未婚妻——有点犹豫，但这并没有起作用。"如果你能为晚宴付账，这只会让事情变得更糟糕。"她反驳道，"你会成为精力充沛的先生，而我就是令人生厌的陪同。而且最终我会因为不得不佯装取笑你的故事而感到惭愧。"

"嗯。明白了。这样吧，计划 B。我会订些中国菜，然后用你的 Visa 卡付账。这样，而你就可以为你想要的生气。我也保证会闷闷不乐。不声张的、严肃的抑郁。想象下一个共产党员葬礼上的哑剧。"

"噢，当然了，那是大多数人认为的。但是，这只是因为成功的哑剧——知道这个秘密的人可是赚了大钱了——不说话。"

我可以感受到她正因强忍着咯咯大笑而咳嗽了起来。"回到你的提议，是不是'我付账。这样，你会忧郁'成交了？"

"或许我会带一部压抑的电影。你看过《尘雾家园》[①]（House of Sand and Fog）吗？"

"你让我郁闷了。"

---

① 《尘雾家园》，美国文艺剧情片。根据 1999 年同名畅销小说改编而成。是一部关于人际关系中的孤独和孤立的故事，让人们回想并反省自己身边的相似经历。

《尘雾家园》剧照

"成交。葱爆牛肉，锅贴……"

"还有锅巴汤。"

"我半小时后到。"

———————————

只是一次轻松愉快的简短谈话，而这正是一个开启我们的故事的出彩的开头。我擅长让别人高兴起来；毕竟，作为一名销售人员，我是一个十分快乐的人。

那天晚上安吉丽娜确实需要振作一下，因为那天中午她和高中朋友一起午餐，而那位朋友刚刚在她所任职的巨型企业中被升以重任。这不是一个了不起的表达吗——"升以重任"？它说明你不仅仅是升职得到一个新的头衔，更是飞跃了一大步。安吉丽娜从没有体验过这种飞升的感觉，她不得不面对这样的事实。我也是，没有过。

在外面品尝中国菜的时候，我们谈起了曾经一起工作过的最成功的人士，谈到了让他们与众不同的因素。我们还没有谈得太深。这时我抛出了一个建议："我们可以拜访我叔叔，和他仔细探讨这个问题。他经常跟我说他是多么想和我见面。他会给我们一些概念。这个老家伙可是个天才，真的！"

安吉丽娜表示怀疑，而我也没有责怪她。与我父母的见面对她来说是一场折磨。不过，和叔叔见面完全不同。安吉丽娜听到过我是如何夸耀我的叔叔曼克斯的，我也给她看过商业杂志上关于叔叔的文章。

"他是什么样的人？"安吉丽娜问道。这一问，让我知道不久以后我们就会见到我叔叔了。

"他有一种含而不露的力量，就像——哦，或许像一个罗伯特·杜瓦尔①（Robert Duvall）。你知道杜瓦尔拥有多么高尚的人格吧？但是你仍然能从他身上瞥见一些孩子气的东西。曼克斯是个老派的人，而且他以此为荣。他也会因你而疯狂。我想在他面前炫耀你。"

我们的探究就此结束。

我在安吉丽娜的自有公寓里拨打了叔叔曼克斯的电话。如我所料到的一样，曼克斯听到我要去拜访他，高兴极了。在查阅了日程安排后，我们确定了聚会的时间。他说："我这就把机票寄给你。司机会在机场接你们。"

"去哪儿的机票？"

"我会去的某个地方——可能是菲尼克斯市吧。这取决于我的一个客户。我会送出机票的，通过电邮。不要担心，因为我也会抵达酒店。"

---

① 罗伯特·杜瓦尔，美国演员，1931年1月出生于加利福尼亚的圣地亚哥。1972年因影片《教父》首度赢得奥斯卡提名。1983年因影片《温柔的怜悯》赢得奥斯卡影帝桂冠。70年代中期开始尝试担任导演。

罗伯特·杜瓦尔

比非常好还好

　　我向他表示了感谢，但他机灵地打断了我，并转移了话题：
"好的，带着安吉丽娜。我可是为她准备了问题啊。"

　　"安吉丽娜就在这儿。我按免提，她就能听到了。"

　　"哈!"这就是他反应的全部。

　　于是我按下了按钮，然后将曼克斯介绍给安吉丽娜，而
他这时已经扯上了别的话题。终于，曼克斯兜回到了我们计
划拜访这个问题上："我侄子告诉我，我们在一起聚会还将包
括一场关于工作的讨论，而这恰好是我最喜欢的话题。事实
上，我是一个工作智慧的收集者。举例说，我刚刚收集了一
条很特别的引语，这句话来自霍默·辛普森（Homre Smpson）：
'如果有什么事情搞砸了，责备那个不会说一句英语的小
子。'"

　　曼克斯发出他特有的大笑，问道："这是不是正好能解决你
的难题?"

　　咯咯笑够了以后，安吉丽娜说："呃……"听起来有些勉
强，"这只是，我不是很确定是否有问题。我在一家好公司有
份好工作。让我觉得自己错过了的一些事情是，我探访了学
生时期的朋友，她在工作中是个超级明星。但是我不能指出
原因，我是说，她是我的朋友，而我也爱她至极，但是……"
最后的这个词带有疑惑，"我不能确定她是否只是走运，或者
是其他。每次我努力做些事情以求在工作中脱颖而出时，所

有努力的结果似乎总是随波逐流了。我停止了这种反复的工作，反复。"

我们俩都不知道该如何应答她的问题。不过，曼克斯突然补充了一句："等等。精益求精（btter yet）。"就像斯蒂芬·斯彭德①（Stephen Spenden）的诗句描述的：

> 我没有预知的就是
>
> 时日在逐渐地
>
> 削弱毅力
>
> 遗漏聪颖。

短暂的停顿后，曼克斯问："这个听上去像你所说的吗——逐渐逝去的日子？"

我冲着安吉丽娜咧嘴一笑，她正因对曼克斯的钦佩而连连点头。然后我告诉曼克斯："这正是我准备要说的。你从我的嘴里掏出了这些词语。"

曼克斯叔叔爆发出轰鸣般的大笑，说："你和我比你所认为的更相像，我年轻的小聪明鬼。但是我要引导你们的是——对你们俩来说的一个伟大目标。准备好了吗？"

我们俩意见一致。

———————

① 斯蒂芬·斯彭德（1907—1995），英国诗人、评论家。曾于牛津大学学院求学。作品有诗集《废墟与憧憬》、《生存的边缘》、《献诗》等，文学评论有《破坏性因素》、《创造性因素》等。

比非常好还好

"有一天，我听到了'一把宝石'（A handful of jewels）这个表述。这让我想起了对好公司特质的描述——他们有整把的宝石。跟得上我吗？"

我冲安吉丽娜耸耸肩，但仍然表示我们能理解他的意思。

"你们知道那些迂腐的运营者是怎么说的吗？"曼克斯继续他的叙述，"'雇员是我们最重要的资源'？确实如此，但这听上去一点儿都不真实，如果你明白我的意思的话。

"不幸的是，认为这听上去很假的理由，是因为每个人都知道，几乎所有的雇员都能在几个星期里被取而代之，而对公司却一点儿影响都没有。不过这个句子中的关键词是'几乎'。不是所有的雇员，但几乎是全部的。

"每一家好公司都有一些特别的人，他们的工作就是创造一个特殊的组织结构，为了公司的客户，也为了它的员工。而他们可以在这个组织的任何水平层面露面，并且有时是在此之外——一个特别的供应商或是顾问。"

我听到一声微弱的咔哒声，我知道他说话的时候正在轻叩桌子以示强调："这些为数不多的特别的人，正是让企业特别的原因所在。当然，也许会有一个专利或者准则让企业的产品与众不同，但是这些创意从何而来？就是从这些数量极少，但却不仅非凡，而且具有感染力，能够让特殊传播、流行的人身上来的。

— 16 —

任　务

曼克斯停顿了下，给我们时间答复，但我们俩都等着对方的动作。终于，安吉丽娜开口了："这可真是一个吸引人的见解。我正试着想出我们公司里哪个人符合这样的描述。我们没有任何完美的员工。"

"完美，嗯？不错，你可是让这次讨论上升到了另一个有趣的争论：一个完美的同事是什么样的呢？或者一个上司，一个员工，一个供应商，抑或是一个顾客？这个问题让我们开始关注最了不起的商业秘密之一：超越完美。这听上去不太可能，但是通过与众多公司的合作研究，我发现：一门心思地避免错误发生，会让他们错过很多机会。对同事而言，也存在相似的真理。我们会被完美的人吓着，但会从超越完美的人那里获得启发。"

曼克斯停顿了一下，接着说："安吉丽娜，我敢打赌说，如果你放弃寻找完美的人，转而去搜寻超越完美的人，你会在与你共事的人群中发现一个如宝石般珍贵的人。好的，就让我们把这个作为你们俩给我的见面礼吧。但是，不要只在你自己的部门里寻找——他们也许离你太近，以至于你无法客观评价——在其他部门寻找，或者在你的供应商、客户中发现那些让公司变得特别的人们。"

"我会做这项工作，"安吉丽娜说，"绝对会!"

我也知道她必然如此。

但是我也想参与进来，于是我说："嘿，珠宝狩猎也算上我!"

曼克斯快乐的咳嗽声打断了我："珠宝狩猎! 我会记着这个的。这能给猎头者带去一个好名字——珠宝贼! 是的，我很高兴你也加入。我也对你所学充满期待。当我看到你时，我将要求你拿出这次狩猎中找到的最好的东西。成交?"

我们是赞同的，当然了，正如曼克斯所说，"我计划的珠宝狩猎的任务，会是与我所渴望见到的人们讨论他们的渴求，并且看看我最终能够得出什么结论。我已经拨打了很多电话来完成这项任务。"

我知道曼克斯的头脑正在急速运转，描述他的研究策略。这就是曼克斯，经常慷慨大方地给出他的时间、金钱和智慧。他不仅已经在计划约见我们，甚至还付了我们拜访他的费用。我觉得他提供了太多的东西，而我也把自己的想法说了出来。

"啊，这是你在窗帘后偷窥的地方。"他故弄玄虚地说。

接着曼克斯解释说，他将被授予一个大的奖项，而且得作一个受奖演说，他还不能确定这次演说的主题。

"你，我年轻的侄子，让我想到了一个主题——而你们两个也被拉进来直接进行研究。你认为我很大方，但是——

哈！——你们只不过在哄骗着帮我完成一次演说。我相信，我会把这次演说称之为'如何超越完美'。"

曼克斯这个主意让我们开始互开玩笑：到底谁帮谁？但是过会儿平静下来以后，我又咨询性地问道："我们应该找些什么，特别的？"

"你知道我——不是太多的细节。而我也对自己不是很确定。我准备开始重新深思为我工作过的那些人谁是特别的。让我想想。"他接着用一种特别的声音补充说——我认出这是他的一个老笑话的开始："你还不知道我，安吉丽娜，但是我记忆力超人。"

安吉丽娜听上去被打动了，但是紧接着曼克斯用一句妙语切入了："但是再也不会有当日服务提供了。"

"我警告过你！"我对安吉丽娜叹气道。

总是最好的同事

"好吧，"曼克斯说，"回到主题。让我开始讲述我最喜欢的同事之一的故事。他叫约翰·保尔。

"约翰让我热爱我的工作。当我在规划一个项目时，我会开始思考如何告诉约翰这件事情。我知道我必须做得独特，以便让他印象深刻。所以，我总是在给他电话之前，在遇到他之前，仅仅是想着他关系到提高期望的水平。"

"稍等一下，"我插了一句，"上次我在你的办公室见过他。我以为他是你们公司的顾问呢。"

"这不像是与那些了不起的同事在一起；这也不是普通的组织关系。"曼克斯说，"我们在讨论让你更加出色的人。那么，谁是领导？谁是随从？就如一位大禅师指出的：

'追随者皆由超越而表达对大师的感激之情。'"

曼克斯沉浸在这句禅语之中，过了一会儿继续讲道："这不是一种超越完美的思考吗？你们认为大师是完美的，但他希望你能更加出色。在最好的关系中，双方都是大师，也都是信徒。"

"那么，谁是我的公司的老师？我不知道。我所知道的全部就是我想激励约翰，而他回馈给我超过我的远见卓识，之后我们将一起进入盘旋上升的灵感之中。

"约翰和我都觉得做些日常琐事，会是一种挫败。我们每次都做些不同的事情。有趣的是，我们从没有彼此谈起这个——我们从没有让它成为一个指定的目标。它就在那里，和我们在房间里，不言而喻。

"这让我想到我听到过的一个最好的商务表述。皮特·施瓦兹（Peter Schutz）——保时捷的前 CEO，他是这样描述对一个同事的感觉的：

'当我在你身边时，我也最喜欢自己。'

导言　公司的宝石

"这就是我们寻找的东西——不只是竞争者的人。我们不是在寻找使你喜欢他们或都喜欢他们的工作的人；我们在寻找让你更优秀，并让你因此而兴奋的人。

"这不存在于我所见识过的任何岗位说明之中。也就是说，你能通过更努力工作，或者是使你的工作趋于完美，而达到这样的境界。

"我们在寻找把工作变得与众不同的人。他们是超越完美的员工，而且也是各自企业中难能可贵的人。这也是我给你们两个的目标：成为这群可贵的人中的一员。"

安吉丽娜被感动了，轻轻地说："哇哦！"而尽管我们的约见是为了讨论安吉丽娜的事业，不是我的，但我知道在这间屋里我们都有达成了共识：成为可贵者之中的一员，是我们俩都希望达到的目标。

第 一 章

创造力的脸孔
或 "能有多精彩?"

这种悬念实在是让人受不了，我希望它能继续下去。

——奥斯卡·王尔德

（Oscar Wilde）

到了桥头就过桥。

——李斯特·皮尔森

（Lester Parson）

第一章　创造力的脸孔或 "能有多精彩?"

　　最后的结果是，聚会的地点确实定在了菲尼克斯市。这让安吉丽娜着实很激动，因为她经常感到寒冷，甚至希望在沙漠的夜晚也能有滚滚热浪。我们下午很晚才到——虽然才是 4 月初，但当地温度已经超过华氏 90 度——然后驱车前往骆驼背山脚下一个漂亮雅致的酒店——加州豪园。到达那里后，我们发现曼克斯叔叔已经给安吉丽娜和我预定了 "浪漫套间"。也就是说，屋里已经有香槟和巧克力在恭候我们，而且当我们在酒店餐厅就餐时，侍应生会为我们在套间内点起好几打的蜡烛。

　　曼克斯叔叔给我们留的便条上说，他第二天早上——第二天晌午会来。曼克斯叔叔真好啊！事实上，孩提时代，我就认为 "了不起的叔叔" 指的就是像我的曼克斯叔叔一样非常好的亲戚呢。甚至现在，当我听到这个表述时，我仍然会会心一笑地想到他。

　　曼克斯事先跟一个司机说好第二天早上来接我们，并送我们去亚利桑那州立大学校园里的艺术博物馆见他。既然已经选定了地点，我几乎预料到会遇见一些看上去很荒凉的建筑物，但却只看到一个锁着的又矮又厚重的建筑物，像是间储物房。不料，当我进去后才发现，里面低于地面，兼有洞穴和城堡的风格，非常符合沙漠景色；而且这里的环境也很适合曼克斯，因为这是系列惊喜之一啊。

　　曼克斯在大厅里等着我们。他穿着一件宽松的绉纱西装，戴着一条很常见的波洛领带（西部人戴的有饰扣的领带），正在和工作人员谈笑。看见我们时，他很快结束了谈话；然后，一边一个拥着我和安吉丽娜，带我们上楼去。行走间，安吉丽娜也被他所吸引着。

收藏品的宝石

曼克斯带我们来到一个长廊处，这里挂满了令人吃惊的展品，一直延伸到与一间陈列室的墙壁相交。这面墙上到处挂着的是各种各样的人物肖像，出自不同的艺术家，风格也迥然不同。差不多有 30—40 幅的画像吧，其中的人物有咧嘴而笑的，瞪着眼睛的，英明的，蠢笨的，写实的和抽象的。代替展览馆里每次的绘画学习，这面墙仿佛在说："看看这些在看你的人吧。"

安吉丽娜的反响超过了我的评价："这是创造力的脸孔（the face of creativings）。"

如果你认识曼克斯，那你就会知道，他大喜过望地回应，并坚持要给安吉丽娜一个夸张的击掌。曼克斯告诉我们，之所以想要在博物馆见面，就是因为艺术藏品都有它的"宝石"。接着，他指出墙上的一些他认为有保留价值的画作，让我们选出最喜欢的。然后，他问道："为什么你选出这些特别的作品?"接着就此开始了"曼克斯"式的课程。

第一章　创造力的脸孔或"能有多精彩？"

安吉丽娜边思索，边笑着回答道："有些让我欢笑，有些让我沉思，还有一部分让我两种感觉都有。"

我们都喜欢这个——微笑和思考。我们都明白，我们距离超越完美的同事的精髓正越来越近。曼克斯问安吉丽娜："那么，如果你现在可以带一幅回家，你选哪一个？"

安吉丽娜最终挑选了一幅出类拔萃的作品，来诠释她的理由："我会沉浸在这幅作品里。我可以只是盯着它做梦。"

曼克斯给我们指出了这次授课的方向，说道："你，安吉丽娜，领悟了我们的第一个要点。每一个好雇员都了解他或她的工作，就像这里的每一位艺术家熟悉他的行业一样。所有的人都不乏才干。大多数人运用自己的才干，使自己的职业生涯更加完美。有些人不仅如此，做得比非常好还好。他们具有才干之外的某些东西——他们有自己的风格，也就意味他们与众不同。为数不多出类拔萃的几位——有史以来最杰出的艺术家，兼具才华、风格和创新。他们专注于想象。他们使你想了解更多。这难道不是最著名的画作《蒙娜丽莎》吸引你的地方吗？米开朗琪罗的天赋在于你看见她就想要看到更多；你想了解。她吸引了想象力。她拉你进入一个有着无尽可能的故事。"

现在，曼克斯有些兴奋起来了。一个安全警卫皱着眉头示意他低声些，尽管整个展馆里就我们几个人。

达·芬奇的画作《蒙娜丽莎》

意大利文艺复兴时期雕塑家米开朗琪罗

第一章　创造力的脸孔或"能有多精彩？"

曼克斯继续说道："有时可以用一支管弦乐队来比喻企业，首席执行官就是乐队指挥。嗯，有天晚上，我看了我最喜欢的指挥之一——旧金山交响乐团①的音乐指挥迈克尔·蒂尔森·托马斯的（Michael Tilson Thomas）一个采访。他讲述了自己如何挑选曲目。当谈及选择的时刻时，他变得非常兴奋。他说他更关注音乐家的才智，从来不会问自己诸如此类的无聊工作问题：'我们能完成这么艰难的事情吗？'取而代之的是，他问这一类的问题：

'能有多精彩？'

"这是梦想家的问题，艺术家的询问。这也是确实是我最好的雇员为我所做的——就如同我最好的上司、客户和供应商做的一样——让我的思路更加宽广。他们的眼光从通往地平线的道路上提升。能有多精彩？"

好了，我承认曼克斯有夸大其辞的倾向；但是，他绝对吸引了想象力。我对他说："这确实是个询问安吉丽娜事业的好问题。她才华横溢——我正看着她并且思考着，她能有多棒？"

我们都注视着她，想知道答案，她却转移了视线。

---

① 旧金山交响乐团，成立于 1911 年，是排名美国十大交响乐团之列的著名交响乐团。首任指挥是美国作曲家、指军家亨利·哈德利。

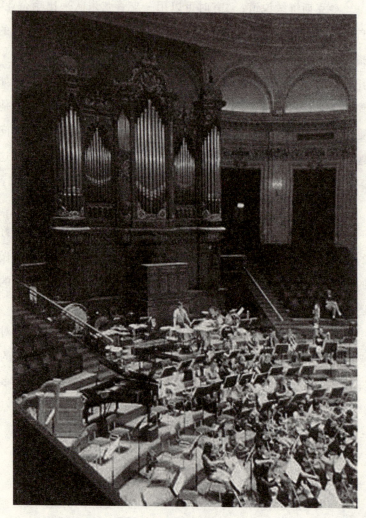

旧金山交响乐团在音乐厅演奏

接下来，曼克斯带我们去了会议室。他事先安排好了借用事宜，还带了一大袋子的书和笔记本。这个家伙有条件拥有上千个来自罗迪欧大道的公事包，让一个助手帮忙拎着，但他却选择自己吃力地拽着一个纸袋子。

他起头说道："好吧，我们每个人都有自己的任务。我相信他们都已经做完了。"我示意"是的"，安吉丽娜也点了点头。"那么，谁想先告诉我们你最好的寻宝故事呢?"

我的宝石

安吉丽娜转向了我，而我也很高兴开始讲述。我必须倒退到从前告诉你。我以前工作的公司是做发展项目的，包括经过总体规划设计来建设的社区。当我们提出公园建设时，游乐场设备由明尼苏达州一个叫宜童乐游乐设施公司（Landscape Structures）的公司提供。让我把给曼克斯和安吉丽娜所讲述的故事整理复述一遍吧：

"宜童乐游乐设施公司有个叫诺伯特·斯坦伯格的德国雇员，他是个焊工。几年前，他在一场摩托车事故中惨遭不幸，尸体被空运回德国安葬。即使现在，这么多年过去了，公司里的人们依然会谈起他。"

"他只是个焊接工——我是说，就某种意义上讲，他既不是管理人员，也不是资历最老的员工——但他是制造流程的领头人。他在本职工作中表现得十分优秀，每个人都尊敬他，并总是找他征询建议。他成了不同问题的非官方监督。大家谈起他时，都当他是产品质量的教父。这些是这个故事的引子……"

我停顿了一小会儿，以制造悬念，然后接着说："他如此受人尊敬，公司里的人都千里迢迢飞到德国去瞻仰他的墓地。你能想象吗？他们中的一些人一辈子生活在乡下，从来没去过明尼苏达州首府，可为了缅怀故去的同事，他们却跨海越洋地飞往德国。"

他们被深深地感动了。安吉丽娜问我："那你有没有领悟到成为企业文化中如此重要角色的一些方法？"

"我感到惊讶的是，在宜童乐游乐设施公司工作的一位人力资源顾问——布莱恩·盖甘（Brian Gagan）告诉我说，这个德国焊接工让你觉得你可以完成任何事情。他将这种感觉赋予别人，'跟他谈过之后，我都觉得自己也能焊接了。'"

曼克斯对这个事例很满意，还重复了他让你觉得你可以完成任何事情的那段。然后他补充道："你可以看出，当人们想尝试新东西和想带给他看时，这样的感觉是如何蔓延感染大家的。这就是我们之前讨论的特种'病毒'。它经由好奇心传播。你可以看到，他与仅只是个熟练的焊接工的员工是多么的不同。"

第一章 创造力的脸孔或 "能有多精彩?"

———————————

曼克斯自己停顿了一下,避免思维跳跃得太远。然而我没准备停顿:"我能讲述另外一个故事吗?"

"成绩好得超过预料的学生。"安吉丽娜促狭地说道。

曼克斯露齿一笑。于是我转向了另一个案例。

"这个故事是关于一个我喜欢一起共事的家伙的。有个朋友跟我提及克里斯·米勒(Chris Miller)——堪萨斯市一家抵押公司熔岩星(Novastar)的高级副经理。于是我打电话联系他。他用他的时间和智慧亲切地对待我。这个故事就是要告诉你们他是一个多么和善的人。"

"米勒主管着公司的几个部门。某天,他的工作始于与人才招聘负责人的会议。一个小时过后,他出现在采集部(Collections)的会议中,讨论拖欠账款所造成的损失。在第二个会议中,他们就好账变坏的原因展开了讨论,找出了拖欠债务的最主要原因之一是失业。因为米勒刚刚思考过雇用的问题,他自问了一个很宽泛的问题:职业顾问的雇用能降低呆账的数量吗?"

"于是米勒尝试数量化验证他的想法。一个被取消回赎权的贷款能终结企业 1/3 的主要开支。这样的话,每 25 万美元抵押变成呆账将导致企业成本增加 8 多万美元。"

— 33 —

比非常好还好

曼克斯对故事的剩余部分急不可待："请告诉我，他们如何继续并且尝试贯彻这个想法。"

"是的。在第一年里，他们咨询了差不多 1000 人。公司在这个项目上花费了 33 万美元，同时为整个公司节省了 250 万美元。"

"可是我最希望听到的是这个项目为熔岩星的雇员所做的事情，特别是采集部。他们开始对自己人讲述一个曾经告诉过我的故事：一位客户丢了自己干了 20 年的工作后，6 个月仍然没有找到新工作。职业顾问马上意识到，这个人在过去的 20 多年里从来没有参加过求职面试，而且根本没有好好准备。45 天内，他有了一份新工作，比先前的薪水高很多。"

安吉丽娜插嘴说："如果在总想这种事情的公司里工作，那是很恐怖的。"

"确实如此。米勒就是一个特种'病毒'的携带者。听他讲话，我希望可以与他共事；我想参与到下一个革命性构思中去。这让我想起了你之前告诉过我们的事情，曼克斯，关于你和一个永远最好的同事的。你们推崇螺旋状的灵感，感到做平凡的事情就是挫败。这就是克里斯·米勒散发的活力——还有其他什么我们能尝试的？"

曼克斯觉察到了我的活跃，于是热心地提问，以便让我们回到开始的主题上："这难道不是创造的本质吗？这也是艺术家的特质。更进一步,你用这两个事例证明,任何水平、任何地方都可以发现天才——你给了我们一家制造公司和一家服务企业,一个焊接工和一个高级副经理的案例。非常好,我的朋友。"

安吉丽娜的宝石

安吉丽娜很期待告诉我们她的故事。她暗示我她的故事新颖热门,有意挑起我的兴趣,让我等候聆听。

"我们这位可怕的女士是做公共关系的,"她娓娓道来,"这位女士——罗莉·平斯基(Raleigh Pinsky),有资格成为企业里难能可贵的人。不过,我记得你在电话里跟我说起的事情,艾尔默先生。"

"曼克斯。"曼克斯叔叔用一个很夸张的叹气强调道。

"好,曼克斯。"安吉丽娜有点害羞地说道,"你说过曾想接触些你所尊敬的人士,问他们如何让自己做得更好;这也正是我联系罗莉的目的。我很高兴自己能做这些,因为她告诉了我她那些'超越完美'的客户的事情,其中有个人非常著名。她也提到,通过提升,他们更热爱他,每一家公共关系公司的人都在尽最大努力为他工作。"

安吉丽娜在追求制造一个悬念,这让我忍不住要大叫。

"那么,他是谁呢?"曼克斯注意到我的迫不及待,眨了眨眼。

安吉丽娜转向曼克斯："你听说过热吻乐队①吗?"

曼克斯说："当然。但是别指望我能哼唱他们的曲子。"

"嗯，罗莉这个总是最好的客户就是热吻乐队的吉恩·西蒙斯（Gene Simmons）。"

"他可是很能唱歌啊。"我忍不住插了一句，话一出口才意识到这听上去有多么蠢。

"罗莉曾与曼哈顿的一家公关公司合作，当时吉恩是这家公司的一个客户。她与吉恩一起工作，知道了一大堆明星的内幕消息。"

"事实表明，吉恩·西蒙斯在国外很受欢迎，但当他回国后，身份就成了一家公司的临时员工。罗莉说他是个'Kelly Girl'玩偶，我猜他们以前也是这样叫他的。他是一个非常棒的打字员，而且对此引以为豪。"

说到这里，安吉丽娜笑了，仿佛看到了吉恩在办公室里的样子。"每年度假的季节里，他都会在他们的办公室露面，和每个秘书打招呼，并且尝试做一会儿每个人的工作。他们都把打字和填表的工作攒起来，让他这时候来干。当然了，每个人都能在自己办公桌前和他合影，然后请他在照片上签名，作为送朋友的礼物。"

---

① 热吻乐队，1972年由贝司手吉恩·西蒙斯建立起来的美国"华丽摇滚"乐队。乐队的音乐风格是纯粹的重金属，强调戏剧表演和化装。

热吻乐队

热吻乐队出色的贝
司手、名噪一时的欧美
重金属摇滚艺术家吉
恩·西蒙斯

安吉丽娜再次微笑，停下来表示故事讲完了。接着又忽然补充说："他还有个轶闻，就是他因打电话感谢他们的工作而著名。每次他们为他安排一次会面，他都会致电。你可能不会知道这让他的形象增色多少，不只在性格方面，在与公关公司的交往中，他绝对是个绅士。"

曼克斯正在做记录。"好，这可是非常适合做我们的范例。"

"是的，"安吉丽娜答道，"因为我一直在思考这个例子，但是我不确定是不是适合我，因为没人会想要我的签名啊。"

曼克斯竖起手指，对着她摇了摇，假装很严肃地说："别让我走得太远哦，年轻的女士。太阳下山前，我们会将这些汇总在一起的。"

曼克斯的宝石

曼克斯站起来向我鞠了一躬，然后又对着安吉丽娜行礼，引用了一句关于超越主人的诗："你们两个都带来了强有力的、含义深远的例子。我对你们感激之至。"

我知道曼克斯会有些很棒的东西告诉我们。确实如此，他给我们讲了一个史蒂夫·雷（Steve Lay）的非同寻常的成功故事。

"就像你们知道的，"曼克斯说道，"我曾经问过每个人关于提升自己周围工作水平的要点。除此之外，我还和一些电视人有过接触，像迈克·麦克法登、乔·雷诺兹这些给地平线制片公司制作企业宣传片和提供网络电视素材的人。在我们会谈的休息期间，我对他们解释我正在寻找什么，同时我用不容置疑的口气说到了史蒂夫·雷。

"他们解释道，他们正忙于伊格内修斯出版社的一个系列录像，而史蒂夫·雷担任其中的讲述者。

"让我回顾一下。雷有个让人啧啧称奇的故事，简直可以拍成系列片。他用 5 美元借来一个用过的胡佛电动吸尘器和自己制作的名片起家，现在已在密歇根州拥有了一家建筑维修公司。说起自制的名片——我不是指那种你现在可以在电脑上制作完成的卡片，那些卡片是手工印刷在索引卡上的，他得自己把卡片剪成两半。他就是这么干起来的，建成了一家拥有 500 多名雇员、年营业额 120 万美元的公司。

"某一天在散步时，他决定成为一个天主教徒，于是他写了一本关于他的转变的书。这本书最终成了这个系列短片。

"跟我工作的这两个人开始唠唠叨叨地谈史蒂夫·雷是怎么让他们进步的，并且怎么从他们和别人那里拿到这份可观的工作。于是我告诉他们我要见他。等他来镇上拍摄外景时，我约到了他。

"我到了的时候，看见雷正在拍戏。其间有个很明显的片段：摄制组拍了些讲述的部分，拍完后，他立即征求意见。他

— 39 —

被告知很完美。导演和剧组人员都准备继续拍摄下一段。这时候他说了一句很简单但令人惊诧的话，他问道：

'你觉得还能做得更好吗？'

"这个问题让他们暂停了。他们开始沉思如何能让片子更好。雷说道，用显而易见的热情——我乐意称之为'孩子气'的狂热——'让我们试试吧！'然后他们又重新拍摄了一次，拍得更好。我回到控制棚，看着剧组人员，他们在彼此交谈点头，对片子得以改进而感到惊奇。

"让我很受震动的是他的问题——还能更好吗？——非常纯粹。他很真诚地想知道他们的观点，而不是应付他们。重点在于，他在这方面完全是个新手，所以他不了解如何让纪录片拍得更好，他只能从主观上感觉到有参与制作人员想象的机会。"

对我来说，这是一个重要而且有用的见识。我可以领会到这个简单的问题："你觉得还能做得更好吗？"会是每一个项目的测试部分。

安吉丽娜和我都有很多问题要问，最后都集中成了一个："就这些？仅仅问了一个问题？"

曼克斯解释道，当他和雷会谈时，他只是简单地集中问了一个问题："我听说只要你是团队成员之一，不管什么样的团队，你都能使之改进。那么你是怎么做的呢？"

雷总结说，他对提升周围人的水平其实并不敏感，只是想起来有"感知某种情况"的能力。换句话说，他能知道他周围的人的感受。

不过，这仅仅是把我们带到了另一个问题面前："如何拥有超乎平常的感知能力呢?"曼克斯已经思考过这个问题了，他引用史蒂夫·雷的话给我们举了一个很值得关注的例子。

"我相信人不仅仅是分子和激素的组合体；我们都拥有无限的价值。我必须这样看待每一个人。"

曼克斯说道："他强调'必须'和'每一个人'这两个词语的口气让我明白，他认为绝无其他可能。我不得不这样看待每一个人。

"那天回家后，我查找了一个先前保存的纳撒尼尔·布兰登的引文，他是专攻自尊方面的心理学家：

"'伟大的老师、双亲、精神治疗医师和教练所共同具有的特质就是，他们都有很强的信念，相信自己接触的人一定具有某种潜质。他们视自己接触到的人为极具价值的人。'

"也就是说，他们不会只看人的表面，他们重视潜在的东西。"由此，曼克斯问道："那么，我们的这三个——哦，不，四个——可贵的人共有的特征是什么呢?"

安吉丽娜做了个鬼脸，简述了每一个超越完美的雇员："这里有一个摇滚明星，一个资产抵押副总，一个焊接工，以及一

— 41 —

个讲述者或企业家。他们都是我们永远最好的员工名单上的例子：一个是客户，一个是工厂领导，一个是改革者，还有一个是制片组的组员。"

"但是，他们成为佼佼者的本质原因是什么？他们又是怎么做到的？"曼克斯又重申了观点。

我简短地发表了一下意见："就像我们讨论那些名画一样——他们都不仅证明了自己的才能，更改变了你对自己和工作的感觉；他们让你做到……"我不是很确定这个词——是事例还是标准，又或者是别的什么词——突然我想到："或许我应该就此停下——他们可以让你做到。"

曼克斯给了我一个充满敬意的眼神，然后，把它记录下来。

————————

"能有多棒？"安吉丽娜严肃地补问道，"想象一下如果你以'能有多棒'为生活指南，那会是什么样子？"

小萨米·戴维斯印象

又继续了一段交谈后，曼克斯宣布午饭时间到了——毕竟，我们快 11 点才开始的——然后我们出发穿过校园，最后来到校园里最古老的建筑——大学俱乐部前，这里已经被改造成了一个餐厅。

第一章　创造力的脸孔或 "能有多精彩?"

用餐的时候，曼克斯讲的事情开启了我尘封的记忆。

"巴里·布鲁克斯（Barry Broods）是我曾与之讨论过永远最好的员工问题的人之一，他和妻子共同拥有一家叫家常小甜饼（Cookies From Home）的公司。巴里跟我谈到过他的一位有特殊价值的员工，她是他的对立面。一路上他用让人记忆深刻的时尚语句描述她：

"她喜欢工作，也热爱这份工作。"

"这个简短的句子在我谈论那些令人钦佩的人时出现过很多次。"曼克斯告诉我们。

这个小故事唤醒了我记忆深处的东西。我告诉曼克斯："很久以前，我还是个少年，你带我和姐姐去拉斯维加斯。你还记得吗?"

曼克斯眼睛望向东北方，陷入了沉思。"是啊，我想起来了。我们不是从赌场被赶出来了么?"

"当然。你允许我玩角子机，然后过来几个很壮实的家伙。你想说服他们相信你的胳膊没有知觉，而我只是代替你操作。你还使劲扭动着身子，让胳膊甩起来又"啪嗒"掉下去。这时候他们抓住了我们，把我们赶出来了。"

"我希望这事没给你留下情感上的伤痕。没有沉迷赌博吧? 没有恐惧霓虹灯吧?"

"没有，我把这整个糟糕的经历都埋藏起来了。但是，那天后来发生了些很重要的事情。你拉我去听小萨米·戴维斯（Sammy Davis）的音乐会。我是很反感这个的，但你很坚持。而且还有件事情我当时无论如何也不会相信：我喜欢他！一个瘦骨嶙峋的家伙唱着我很厌恶的歌曲。但是，我仍然喜欢那个表演。

"我喜欢看他表演，是因为他如此热爱他所做的事情。一曲歌罢，他宣称他有一个让这首歌更好的主意。他征求了我们的同意，并和乐队指挥简短地交谈了一下，然后他们重新演奏这首曲子。也许这只是事先捏好的一个套儿，但我不在乎——我是站在他一边的。争取我过来的，就是看到有人如此享受自己的工作。这就是那次的演出。"

安吉丽娜又提出了一个不可思议的想法："你看到一些并不在乎被雇用的人，他们深深地沉醉于工作之中，这是精神层面的无法理喻的东西。你们明白我说的吗？"我们俩都明白。

———————————

午餐期间，曼克斯一直在细细询问我们在寻找宝石的过程中还学到了其他的什么。他记了笔记，频频点头。当听完我们全部的收获后，曼克斯建议我们绕校园走一圈，一个小时后到博物馆的会议室找他。他自己直接走到后面，准备把我们的想法整理成一个完整的东西。

第一章　创造力的脸孔或“能有多精彩？”

"你们到了之后，"他允诺，"我会解释如何成为让别人做得更好、超越完美型的同事。我们的目标就是拥有他们的天赋，这个结果会让每个与你一起工作的人都想要你成为他们的成员，你将成为公司里最重要团队的首选人员。"

安吉丽娜有点退缩："那还有很多需要问的呢。"

"不是的，"曼克斯愉悦地答复，"一位禅宗大师解释过，如果你的心已经准备要实现目标，'那你已经是肉身佛了'。我们的心要实现目标，不是吗？那么我们就是肉身宝石了。准备好闪耀探索精神的光芒吧。"

第 二 章

超越完美的同事、与众不同的想法
或赞扬可爱的、不可理喻的人们

直到你明白生活是美好有趣的——并且确实感到了——你才找到了自己的灵魂。

——杰弗里·费希尔

（Geoffrey Fisher）大主教

这是我从暴雨中学到的：你在路上遭遇了倾盆大雨。你不喜欢淋湿，所以你在街上飞跑，在屋檐下边跑边躲。但是，你仍然淋湿了。只要你接受你会被淋湿的事实，那你将不会因为浑身湿透而烦恼不堪。

——山本常朝

第二章　超越完美的同事、与众不同的想法或
赞扬可爱的、不可理喻的人们

安吉丽娜和我漫步在校园里，感受到了学校特有的活力，这种特别的心理共鸣在蔓延着。随后我们在美术馆度过了剩下的时间，但是没有逗留太长时间，然后我们提早出发到会议室与曼克斯汇合。

曼克斯在会议桌上铺开了好几打的索引卡片。它们被分门别类堆成一堆，有些是白色的，有些是粉红的，还有些蓝色的。它们看上去比索引卡片要高级些。这种场面让我们联想到了玩具士兵打仗的场景。

我猜你可能会说，这是曼克斯同平庸之军作战的场景。看他在工作，时不时翘起脚趾头，低声嘟哝，任何人都会认为他是商界的智囊之一，是颗闪烁的宝石。

"坐吧，"他指挥着。"星星都排列好了，我们也找到了答案。这里有三个。"他拍了拍桌上的三处地方。"我已经选了最有诱惑力的一个开始。我称这第一个宝石切面为'赞扬可爱的、不可理喻的人们'。"

他暂停了一下，见我们流露出惊诧和困惑的表情——尽管我们都知道，与曼克斯讨论，任何回答都可能上升为新的问题——随后他投入正题，满怀热爱工作之情，并且感激能以听众身份成为其中一部分。

曼克斯伸出手来在空中形成一个宽阔的条状阴影，指向桌子上的一个部分。"每一张卡片代表一个案例学习，我们将

接触到其中的一些。不过，先从测试我们已经讨论过的这几个开始。

"首先，是这个摇滚明星不可思议的故事——他叫什么名字呢，安吉丽娜？"

"吉恩·西蒙斯。"

"问题来了：他到公关公司办公室干别人的工作是一件合乎逻辑的事情吗？"

安吉丽娜看上去似乎想争辩，但只是回答："这显得和蔼亲切啊。"

我马上投入话题："我想我知道你的思路了。合乎逻辑的事情恐怕应该是送花或水果到办公室。在这个经济时代，你在努力使效益最大化，而他那天如果举办一场音乐会的话，也许能赚成百上千万的美元。"

曼克斯指着我，非常同意。"这也是我想让你们明白的。那位老逻辑先生给我们设了个圈套——想让我们落入常规模式的陷阱。以5美元的资本和家庭自制的商务卡片起家，这可不是一种合乎逻辑的开始做生意的方式。飞到大西洋彼岸瞻仰从前同事的墓葬，也不属于我们所理解的合乎逻辑的行为模式。

"好，我们回顾一下。如果我们是那位摇滚明星的顾问，跟他探讨如何通过节假日加强商业联系，那么，我们会提出

第二章 超越完美的同事、与众不同的想法或 赞扬可爱的、不可理喻的人们

什么样的符合逻辑的建议呢？我们会怎么做？也许我们会先询问自己和朋友们："其他人都是怎么做的呢？"我们也乐于听到他们送了圣诞节的一品红或是其他什么。而且我们也想这么做。

"如果他是个明星并且表示：'啊，我应该做些特别的事情'，那么，我们就会告诉他签单付费订购一份很大的花束好了。这是常规的做法。也是合乎情理的——你们可以合理地解释你的解决方案。这也是你们努力成为一个完美客户的诠释理由。但这不是我们今天所要讲的。我们要讨论的是脱离常理、不可理喻的行为。"

安吉丽娜轻轻地皱了一下眉头，我能看出她正在为是否打断曼克斯而在内心作斗争。我给了曼克斯一个眼神，向她歪了歪头。曼克斯马上就明白了，问她："你怎么想的呢？"

"但是，那样确实合乎逻辑和情理，至少事后看来是这样的。他们非常卖力地为他工作，所以这值得他花费时间或者金钱，或是其他什么你们所归类命名的东西。"

沉思了一会儿，曼克斯说道："好观点。"然后清晰地解释："我想你所说的关键词是事后。那么就有一个问题：我们绞尽脑汁设想解决方案的时候，就像开始在智力百科全书中搜索，在我们已知的所有方案里查找一个可行的、已知的方案。这就是重点了——逻辑把我们引入了常规的解决途径。

— 51 —

"如果我们向别人征求建议，那也不过是让他们走一遍他们自己的常规路径。所以呢，结论就是：我们如何跳出程式，找到事后看起来很英明的方法？"

"我明白你所说的了，"安吉丽娜说，"这需要一个不同标准的逻辑，跳跃的，不同于惯常的思维。"

听到跳跃逻辑的设想，曼克斯笑了。不过，安吉丽娜正决定要给它一个名字。"可以称之为'超越逻辑'或者'贯穿逻辑'。"她补充道。

曼克斯指着安吉丽娜，点头说："我喜欢贯穿逻辑。我们通过常规逻辑接触到了非常理的逻辑。但超越逻辑听上去更好——我不知道，听上去像高科技。我们就定这个吧。"曼克斯宣布。"看看我们能不能领悟一些东西来构建一个超越逻辑体系吧。我们可以运用它为我们的客户和委托人、雇员、管理人、企业家和商业服务。"

可爱的、不可理喻的客户

"正像你们所知道的，"曼克斯继续说道，"我拜访我所尊敬的人们，跟他们讨论那些受人尊敬的人。我第一次就想到的一位，是我的一个非常有天赋的老朋友——戴维斯·马斯腾（Daris Masten）。我知道有些了不起的人为他工作，于是我期望听到一些敢于挑战他的雇员的事情——如我所愿，他确实有这样的雇员——但是意料之外的是，我听到了他如何转变一位客户的故事。

"戴维斯主持切斯金＋马斯腾（Cheskin＋Masten）公司，也是个包装方面行家。他是个导师，尽管他已经超过导师达到更高的'领头人'的水平。"

曼克斯看着我说："我要是开始跑题的话，就说'你的观点呢'，如何？试试吧。"

"你的观点？"

"一点儿也不错。我要告诉你们的是，一个不讲人情、只认更佳工作的客户如何让你产生灵感，为他做出更好的工作。

"戴维斯起先告诉我，因为他所有的业务比他所能运行的还多，所以他们根据客户是否与他们的才能相配选择项目。他用外交辞令般的语言委婉讲出这些，但仍然无法掩盖这是本质问题的事实。

"他给我讲了有一天开会的经历。那次是为了提交一份建议，请专业公司的一位调研经理来询问公司员工。他问一个 18 人的小组：'谁以前是同这些人一起共事的？'12 个人举手回答。'那好，谁想在这个项目上同他们继续合作？'没人举手了。也就是说，他们拒绝投标这个项目。"

"你的观点？"我笑着问道。

"哈，对，观点。搜寻与你最好的工作相配的人和项目。如

— 53 —

果你是为了做项目而做项目,那你永远也不会成长,也永远不会和伟大的客户相配。

"佐证我们的这个观点的,也是我想告诉你们的,戴维斯的这个特别的客户是旧金山的一名执行官——琳达·菲莱—奥尔德罗伊德(Lynda Firey-Obdroyd)。她现在有了新的工作,不过戴维斯的例子是她在李维(Levi)工作的时候——你们知道吧,那个牛仔服公司。

"戴维斯这样开始讲述琳达的故事:'我们都以自己多么创新而骄傲,而且我们也乐于有展示这个的机会。这就是为什么我们喜欢客户丢给我们最难搞定的问题去处理。比如说,当琳达在李维工作时,她参与了一个很大的客户分类项目。'"

曼克斯停顿了一下,确认我们是否跟上了他的思路。安吉丽娜回应道:"我们公司也做过分类。不同于针对每个人的销售,公司把客户分成五种类型,然后我们集中精力在其中的两类上。"

"我不知道你们公司怎么操作,"曼克斯对安吉丽娜说,"但是以我的经历,大多数市场调研对于促进企业的商业行为效果甚微。在琳达·菲莱—奥尔德罗伊德和李维的案例里,这家公司花费巨资来定位客户类型,但是对公司的设计者几乎没有什么影响。如戴维斯所言:'小伎俩并没有影响大趋势,它只使这门学问成了组织文化的一部分。'

第二章　超越完美的同事、与众不同的想法或 赞扬可爱的、不可理喻的人们

"'琳达用一个新的问题推动了我们的思维——如何让信息对设计者更为有用。她马上付诸行动——向我们这个信息公司咨询——如何让信息成为智慧。非常不错的问题，不是吗?'

"我希望当我谈到戴维斯的时候你们能跟上我的思路，也能对他回忆当初被这个问题奚落时的乐趣感同身受。并且，他们并没有仅仅尝试了解如何将牛仔服卖给顾客，而是理解了如何将创意卖给设计者。"

"那具体是怎么做到的呢?"安吉丽娜问道。

"我对琳达问了同样的问题。她解释说，她不过是市场营销人员，也是突然意识到她的团队正在做一项令人生厌的工作。将他们的数据卖给公司的执行官们，做常规的调查报告和 PPT 演讲。具有讽刺意味的是，他们正在售卖不同类型的客户具有不同想法这个概念，而且尚未承认企业执行人员、设计者和贸易商的思路也不同这个事实。于是她要求戴维斯和他的团队在几天内提供给她结果。"

曼克斯罗列出了三阶段步骤:

1. 通过寻找各种类型所包含的客户，让他们参加找寻工作的介绍，研究团队在最后得出了不同的客户分类。

2. 研究小组制作不同类型客户的系列图片光盘，包括通过给客户提供免费相机，让他们自己拍摄日常活动的生

活照。

3. 制作卡片摘录各类型客户信息，并把卡片用扣带穿成一串，以方便设计者们阅读这些信息。

"换个方式讲，他们不只完成了一个完美的调查工作，更做了纯粹意义上的调查工作以外的事情。因此，他们比完美还要优秀。"

曼克斯咧嘴笑了起来，"这是你们在项目之外还想知道的事情，我确定。不过，我想你们能了解到超越逻辑有多奇妙。非常典型的职员可能会因为同事犯傻或者没理解而耸肩或者责备他。相反，琳达转向了那些聪明的人，并且发现他们的眼睛因好奇而闪闪发亮。这就为是我们今天的关键词：好奇。"

安吉丽娜立即反应过来了："她拒绝了普遍可能的选项，进而领悟到超越逻辑。她从假设需要新颖的东西开始。"

"这也是她给戴维斯致电的原因。我问她是否将这些问题强硬地抛给了她所有的供应商，她告诉我：

"不管供应商、雇员还是国际客户，我都努力了解关于他们的三件事——他们的专业技术、舒适领域和激情。知道了这些，我就可以不用问他们太多事情，也不用麻痹迷惑他们，就能让他们尽心竭力地工作。"

"也就是说，"我暗示道，"她似乎知道怎么不合情理地与每个人相处。这应该是'舒适领域'部分吧？不过，如果她关心他们的激情，那么她会明白如何——你是怎么讲的，曼克斯——发现他们的眼睛因好奇而闪闪发光？"

"一点儿也没错。"曼克斯响应道，"而且结果证明我们的企业宝石的一个琢面就是员工的超越意识。不过，这个跑题太远了。我们再继续谈论一小会儿'可爱又不合常理的人'。"

"很好，"安吉丽娜马上说，"刚好在校园里散步时我想到了一个建筑师的故事。"

曼克斯转向她，双眼熠熠生辉，"可别漏掉任何细节哦。"

老妇人和建筑师

"有个和我一起长大的人，后来成了一位专业音乐家。"安吉丽娜慢条斯理地开始讲述，"他在洛杉矶交响乐团担任乐手。上个月我去洛杉矶出差时，他还带我参观了他们的新演奏大厅——迪斯尼音乐厅①。你可能会觉得置身画中——到处都是弯曲的金属墙。简直令人难以置信！"

---

① 迪斯尼音乐厅，坐落在洛杉矶中心老音乐厅附近由美国著名建筑师弗兰克·格瑞担任总设计师。它外观奇特，由1.25万片各种几何图形的巨大不锈钢板组成。主剧场可容纳2000多名观众。

迪斯尼夫妇

迪斯尼音乐厅

第二章　超越完美的同事、与众不同的想法或
赞扬可爱的、不可理喻的人们

曼克斯拍了下桌子。"我去过，令人震撼的漂亮啊！毫不夸张地讲，当你第一次置身其中，你一定会惊呆到挪不开脚步。待会儿我给你们讲个故事，他雇请了同一个建筑师，弗兰克·格瑞（Frank Gehry），让他设计了位于西班牙的毕尔巴鄂古根海姆博物馆①，现在非常著名。"

"但我仅知道这些。再告诉我更多的。"曼克斯摆着手，鼓励安吉丽娜。

"现在你听到的关于这个建筑物的故事是这样的：迪斯尼夫人给这位建筑师一张爬满常青藤的砖结构建筑照片，提出修建一个一模一样的音乐厅。不过，这个如托马斯·金凯德②（Thomas Kincaid）绘画风格的外形设计并未被采用，音乐厅被设计成了超现代化的、弯曲的金属结构。所以结论就是：那位老夫人被骗了。然而这正好错了。事实上，后来我遇到这个项目团队的一员，他告诉我，曾有人提议解雇格瑞，而迪斯尼夫人力挺他，还威胁如果他被撤职她也将撤资。

---

① 毕尔巴鄂古根海姆博物馆，位于西班牙的毕尔巴鄂市。由美国加州建筑师弗兰克·格瑞设计，于 1997 年正式落成启用。造型奇美，结构特异，材料崭新。

② 托马斯·金凯德，美国当代著名画家，加州人。其作品是在世的美国艺术家中最受收藏者欢迎的。

毕尔巴鄂古根海姆博物馆的设计师弗兰克·格瑞

毕尔巴鄂古根海姆博物馆

第二章　超越完美的同事、与众不同的想法或赞扬可爱的、不可理喻的人们

"这是真实发生的事情。格瑞没有抛弃迪斯尼夫人的照片；他研究了这些照片。他还拜访了莉莲·迪斯尼（Lillian Disney），并与她讨论为什么这些照片吸引了她。这样，他们一致同意，她想要的是这些建筑物的'感觉'。在让走近音乐厅的参观者获得什么样的感受上，他们达成了共识。

"随后，他送给她一盆白玫瑰，夫人最爱的花。并且承诺，'这就是音乐厅建成的样子'。确实，它看上去很像一朵花，而且它先期准备建成白色的石质建筑，直到格瑞收到通知修改。不仅如此，内部的地毯和座椅都被格瑞亲自设计成花形装饰图案，而且命名为'莉莲'。这座建筑物完全不同于那些毫无生气的现代建筑——迪斯尼音乐厅拥抱着你，呼唤你进入。就像一座砖砌的、覆满常青藤、被花圃围绕着的乡间村舍。

"我最后要说的是，这是多么富有温情啊——格瑞上门拜访迪斯尼夫人，她给他展示所收藏的皇家代尔夫特蓝瓷器。你们知道这种艺术品吧？产自荷兰，蓝色和白色的。"

安吉丽娜看着我们，想知道我们是否明白她的意思。虽然我们俩都不知道，但都催促她继续讲下去。

"在步入迪斯尼音乐厅前的地方，他设计了一个巨型的玫瑰状喷泉，用皇家代尔夫特蓝瓷器碎片贴成。如果不是站在街上较高的位置，你可能会错过这个美景。"

曼克斯耸耸肩，表示他没看到。

比非常好还好

　　"这是关于照片的故事。"安吉丽娜确信地说，"这样讲似乎觉得是他探访她，或者哄骗她。不过，我认为他们互相吸引，并且最后互相鼓舞。你们认为呢？"

　　曼克斯冲着她大笑了起来。"谢谢你的故事。我去迪斯尼音乐厅听过音乐会，运气很好才拿到票。那里每天晚上的票都卖得精光。正是因为莉莲·迪斯尼和弗兰克·格瑞一起获得了螺旋状的灵感，并且以这个充满魔力的问题开始：我们想让参观者有怎样的感受？问一个了不起的问题，然后注意是否有奇妙的事情发生。这个建筑就是超越逻辑带到我们生活中来的。建筑本身并没有什么意义，但是它在表示：欢迎你。"

———————————

　　"哦，孩子，"曼克斯大声呻吟道，"看看时间。我们得加快步伐了。我想我们已经有了些可信的线索，可以指导我们如何成为每个人都想与之共事的客户或顾客，告诉我们谁从这些人那里拿到了最好的工作。我们需要从感触逐步总结怎样确保同事既被赏识又能倾注全力。正确的途径就是，通过让他们竭力工作表明我们对他们的赏识。

　　"当你说'这真是个难缠的问题，我需要一个聪明的解决方法'时，这对那个恰当的人来说是无比的赞赏。你给了他或她成为英雄的机会。

"这是个礼物。你赠送了一份独一无二的礼物，而且你还可以再把它拿回来。这正是最好的客户的新逻辑——给的最多，得到的也最多。同意吗？"

我们俩一起点头。"不错，因为作为一个管理者或者一次生意，我们还有更多不合常理的事情需要研究。不过先来看看，所有最机敏者中的一个雇员。你们是不是一直在等着听呢？"

机敏的、不可理喻的雇员

曼克斯坚持让我们站起来伸展伸展。他告诉我们，接下来的这个例子是他最喜欢的。"这个故事里的一位女士让我想起了你，安吉丽娜。她为一个庞大的计算机供应商——安富利电子（Avnet）工作。她的名字叫丽萨·布德罗（Lisa Boudreau）。故事的另一位主角名叫里克·哈马达（Rick Hamada），一位有着非凡魅力的执行官，负责丽萨工作的那个部门。这些既是我接触的人，也是我在那里亲身经历这些事情的人。

"离开革新实验室后，里克和他的小组提出了一个新的想法，就是培养一种新类型的客户服务人员，他们称之为'安富利看门人。'

— 63 —

比非常好还好

"这个灵感来自里兹—卡尔顿（Ritz-Carlton）酒店①的服务：如何让雇员不是直接指给你想去的地方，而是陪同你去。在安富利，客户打电话给销售代表时，有时候客户问的问题销售代表回答不出来，而且也不知道谁能回答——毕竟这是个100亿美元的公司——公司有太多的产品部门，所以销售代表可能会把你转托给其他人，而且你可能还会继续被转托。看门人的想法就是代表让某人通过电话陪同你，并且确保你得到帮助。而且代表一直在线，并且可以从这个他们准备称为'看门人'的某个支持代表处学习。

"里克选择他的一位明星雇员启动了这个项目，即客户满意部主管——我们的女英雄丽萨。这位新任的支持代表需要了解数量巨大的资料，要找人做这个工作，还要建立一个能让客户回馈满意的系统。这是一项规模极大的工作，但是她投入了进去。

"有一天我给她打电话，想问问事情进展得怎么样了。她说：'嗯，我正准备雇一个新人负责这个工作，但我马上发现我们正遭遇一场雇用严寒期。而且，我们还没拿到所有需要支持各小组用的资料。除此之外……'她补充了一条又一条，听得我心情低落，只能遗憾地看着项目胎死腹中。但是，随后她说了

---

① 里兹—卡尔顿酒店，现代酒店的鼻祖。其创始人是瑞士的凯撒·里兹。他于1898年创立了巴黎里兹饭店。1902年在法国创立了里兹—卡尔顿发展公司，负责里兹饭店特许经营权的销售业务，后被美国人购买。

豪华的里兹—卡尔顿酒店

一些不可思议的事情。她说：

"'不过无论如何我们正在着手做。下个月就开始。如果我们能证明这是值得做的，那么我们可能会获得支持的资源。'"

曼克斯盯着我们，确认给我们留下了深刻的印象。"你们明白发生的事情了吧？她没有任何预算，不管是人还是资料。这不是一个'合适的时机'，她也不会'恰当地执行'。不过她明白，从来不会有'合适的时机'，你也永远不会得到你想要确保的'恰当地执行'所需的所有东西。于是她忽视了这些常规的事物——延迟，并且想出一个可以开始一个实验性项目的办法。

"猜猜接下来发生的事情？"

"唔，"安吉丽娜说，"如果没成功的话，你也不会给我们讲这个故事，对吗？"

"没错。不过这是评论它如何成功的。最终，他的上司——里克·哈马达，在了解到如何达到她所需的预算后，被她的勇气和决心所感动。换句话说，她摆脱了合乎逻辑的做事顺序的束缚。她没有按照第一、第二、第三来——她是先一、再三、然后二。不合理的次序。不合情理。但是很英明。也不总是'找到资源然后开始工作'；有时候'先开始工作，然后资源会自动上门找你'。"

安吉丽娜微微喘了口气，告诉我们："考虑到这件事情进行的方式，她的上司也许没有告诉过她尽管放手去干。那样的话，就有太多事情要问的了。所以，她把他从理智的羁绊中给解放了。"

"啊！你又超过我了。是的，最好的上司拓展他们雇员的才华和技能，同时，最好的员工的一个显著特征就是自我拓展，甚至可以拓展上司。"

更重大的工作——帮助循环链

曼克斯冲我点点头，说："我相信在这个观点上，你有个好案例让我们学习。"我当然明白他所指。

"不错。我在书店里偶遇了我的保险代理人——玛丽·孔特拉斯（Mary Contreras），向她询问提升她的同事们的事情。她露出了温和的表情，就像一周的假期变成了两周。"我很得意这个句子，于是暂停了一下，让他们充分想象当时的情形，而且他们都做到了——看上去是，我是说。下面是她如何描述她永远最好的员工的：

"主管斯佩里（Sperry）公司的一个部门时，我还比较年轻。那里都是工程师和技术人员，几乎都比我年长。之前我有个上司兼导师——克拉伦斯·约翰逊（Clarence Johnsan），他那时候已经退休了，我说服了他让他回来在我的部门做兼职工作。那之后不久他就加入了我们，那天也改变了我。

比非常好还好

"我被指派给一群非常难缠的听众做一次很大的陈述演讲。这些人能为公司签下一单大合同，但他们对所有年轻人都充满怀疑，特别年轻女性。在做演讲的前几天，我的老导师——现在的员工——问我是否准备好了。我告诉他'绝对没问题'，以努力让自己更有信心。克拉伦斯只是摇摇头说：'不，还不够好。'

"我坚持说准备好了，然后他说行，不过建议我给他彩排一下。结果证明他是正确的，因为他的提问暴露了我的全部漏洞。于是我们一起做角色扮演游戏，假设了从头到尾所有可能出现的人。他让我把每一个意外都记录了下来。

"然后我去参加会议。我走进会议室的时候，里面坐满了怀疑的工程师。当我走出会议室的时候，我拿到了合同。克拉伦斯是我的盟友、教练、导师、顾问和雇员，身兼数职。我是不假思索就来的那种类型，而他教我明白了准备是什么。"

曼克斯表扬了我，开始他的问题——所有的都归于此："我们能学到什么？"

安吉丽娜串连了一下这个小时的话题："雇用她的旧上司需要很大的勇气——毕竟，她是在努力让自己成为一个管理者，雇用老上司可能会被看成她的弱点。而且这些雇员可能会拥护他，继而取代她。所以说，她有胆量。当然，老上司也做到了，回到一个低水平的起点，向自己的老下属汇报。我想，如果无

第二章 超越完美的同事、与众不同的想法或
赞扬可爱的、不可理喻的人们

论他们俩谁向对方咨询建议的话，他们可能会把每个问题都讲出来。这样的话，他们也许会听取'理智些'的建议，并且向担忧让步。"

"而且，"我补充说，"这也是个迂回的例子，说明'能有多精彩?'以'能有多糟糕?'开始，他让她看清了演讲中的弱点和自己的类型。"

"说得不错，"曼克斯答道，"他监督她的背面，但这并不是他的分内之事，所以他做得超越了完美。不过他确实明白，在她的岗位上，虚伪的积极岂止比无用糟糕，那简直是危险的。这让我感到惊奇，太多的员工乐于品味上司失败的迹象。或许他们还期望他被炒掉，然后他们可以得到他的那份工作。但是这样的事情从来没有发生过。如果管理者失败了，那么整个部门都会受损。高层管理者会请外部人员扭转局势。"

"这个似乎不对。"安吉丽娜坚持。

"一些层次的执行者知道伟大的雇员是帮助循环链（Circles of helping）的一部分，而庸碌的人则站在另一立场，学习依靠救生工具，看问题角度也不同。或者，最起码，执行者认识到，伟大的雇员不是为懒惰的上司工作，他们会寻找方法改变部门或者公司。所以，如果你的上司身上有异味，而你只是袖手旁观，那你就很难从自己的衣服上除去臭味。"

"说到上司们，"曼克斯说，"我们倒是可以很快地看看他

们。首先，虽然我们赞成，你计划成为一个总是最好的员工，将以此为理想并成为一个无论如何也要做的人，而且以提升周围人的水平为目标。你的工作不是你的任务——你的工作是在这个组织中创造出帮助循环链。同时你对上司的帮助可以开启一个新的计划，即使预算还未到位。因此，你成为全世界最有价值的焊接工，不是因为你的焊接，而是在工厂的会议发言时为每个人确定了质量和类型的标准。"

曼克斯又因为他的激情大笑了起来，"让我们赞扬这个不可理喻的雇员吧。我能说'阿门'吗，赞成吗？"

我们俩很乐意地答应了他的请求。

可爱的、不可理喻的上司

"没人说过他们想要个不可理喻的上司，"曼克斯开始了新的话题，"尽管最好的上司——那些我想到的天才般的上司——认识到他们不得不接受超越逻辑。他们熟谙乔治·萧伯纳这番话所指：

"'没有任何事情是由一个讲道理的人完成的。'

"或是如武士道作家藩士山本常朝① 18 世纪在他的小说《忍

---

① 山本常朝（1659—1719），日本江户时代的武士。42 岁时剃发出家，其后过起了隐居生活。著有《叶隐闻书》等。

者之路》中写道的：

"'健全的人，有着沉着冷静的思维，不能成就千秋伟
业。'"

"我还有个例子。"我急切地要说，禁不住举起手使劲摇晃
示意。

"我参观过休斯顿的展馆家具（Gallery Furniture）公司。这
是美国最大的单一地址零售店。他们有一项政策：'今天购买，
今天提货'。他们可以做到每件货品当日配送。

"我咨询了店长吉姆·麦肯维（Jim McInvale）是如何做到
这一点的。他告诉我：'嗯，无数次，我们将家具装上货车，然
后跟着客户到他们家。'不过他接着向我展示了仓库，还有每个
为流水作业而建的东西——家具从后面的大门运进来，直接从
前面的装货月台出去。为了那个不可理喻的当天送货的承诺，
他们修建了这个地方。"

曼克斯露齿一笑，点头向我暗示，并对安吉丽娜说道："我
就喜欢这个家伙。"

"我也是。"安吉丽娜回答，转而向我："不过，我不知道我
能不能让麦肯维当老板，假定他是被迫的。"

"这是精明的非逻辑的一部分。如果你有一个很成功的零售
销路，你会做什么样的合乎逻辑的事情呢？你会扩展到其他地
区。但是展馆家具可没这么做！另一件你成功后要做的事情，

就是给自己建一座豪华办公楼。麦肯维也没有。他甚至没有办公室。他全天都站在柜台前面。他是这么说的，他可以发现任何带着不快离去的客户，并且可以在他们带着糟糕的经历离开前截住他们。

"这里有个不可思议的引人入胜的地方——商店里的网球练习场，是献给戴安娜王妃和猫王的礼物。免费食物。周末有乐队现场表扬。就是这类事情。"

"他把商店变成了顾客的令人难忘的经历，不是么？"曼克斯问道。我赞同地点点头。"对这样激动人心的活动和遭遇是期待呢，还是不期待？"

我们都对这显而易见的答案点头称是。

工作场所的难忘经历

"最好的上司知道如何把工作场所变成雇员难忘的经历。"曼克斯告诉我们，"芬德尔（Fender）吉他研究和发展负责人戴尔·柯蒂斯（Dale Curtis），在传统臭鼬工厂①的理念基础上，创建了他所谓的青蛙工厂。

---

① 臭鼬工厂，创建于 1943 年，素以研制隐形飞机和侦察机、承担美国绝密航空研制计划而著称。拥有富有创造力的精锐团队和超一流的技术开发人员。

第二章　超越完美的同事、与众不同的想法或
赞扬可爱的、不可理喻的人们

"不过，他并没有简单模仿其他公司的研究室。他以詹姆斯·邦德中的 'Q' 为原型选择研究室运作方式。他创立了一个充满乐趣的环境，并征得高层管理者的同意，将这个团队与世界其他理智的公司和最终期限隔离。他的团队没有任何常规的计划、时间表，或是报告。任何理智的东西都没有。

"这个团队只有一个目标，做出让音乐家们有口皆碑、津津乐道的新品。'你还没见过它吗？'带着对顾客如此反应的期待，他们开始了工作——就像弗兰克·格瑞与莉莲·迪斯尼无所事事的闲坐一样。"

————————

曼克斯又看了次表，诙谐地加快了语速。"我得再加最后一个例子了，因为它能追加一个联想想象力的因素。这个例子出自 Fort Dearborn 公司。他们是一家国际化的包装公司，我还参加了他们的 '最终四项'，也就是他们所说的革新竞争的最终决策。事实上只有五个小组获邀出席，但这也正是与具备超越逻辑的执行者们相匹配的地方。

"Fort Dearborn 公司的竞争紧紧围绕总裁理查·阿德勒（Rich Adler）的速率说展开，也就是生产上所说的减少提前期、周期和存货。Fort Dearborn 公司的员工中有 26 名参赛者响应，

并且在那一年为公司节省了 500 多万美元。

"尽管我脑子里想到的绝大部分革新都是围绕技术方面展开的，但这家公司彻底改造了它的销售，部分是通过设想出如何更为有效地利用模型，让客户和潜在客户看到他们的最新的包装产品。

"理查·阿德勒，甚至构建了预算革新。这听上去有点残酷，为不存在的改善编制预算。不过，如果你当时在'最终决策'现场的话，你会看到相反的一面。它让工作充满活力，让风险和探索有了意义——这是对激动人心的经历的绝好定义。"

安吉丽娜露出一副灿烂笑容，补充说："我们回到了重新定义职场互谅互让上。这个部分被重新定义为给予的概念。挑战即机遇。一项艰巨的任务就是一个馈赠。这就像给人提供一次旅行，一个崭新地区的旅程。"

安吉丽娜的补充得到了曼克斯的鼓掌喝彩，他甚至叫起好来。随后他建议大家到博物馆的庭院里逛逛，边走边聊。

曼克斯在一尊雕像前停下，花了一会儿时间欣赏这尊优美的石刻作品。随后他继续讲道："管理者还有另外一种形式的受人喜爱的不合理表现。"

第二章　超越完美的同事、与众不同的想法或
　　　　赞扬可爱的、不可理喻的人们

米塔斯之触

"这个例子是康妮·马里诺（Connie Mariano）博士的，她同时也是马里诺上将。她曾经是总统的医生，白宫幕僚，供职于老布什时期晚期和后来的比尔·克林顿时期，也在小布什任期初期工作过。

"我有个关于她选择和竞选议员的英明睿智的故事，非常棒，不过晚些时候再告诉你们。我现在要讲的是她的上司，在她签约白宫前的老板。

"她的老板是约翰·米塔斯（John Mitas）博士，圣迭戈市海军医院内科全体职员的负责人。某一天，米塔斯叫康妮去他的办公室，告诉她他看过了白宫医生的必备条件，正在考虑推荐她。

"她的野心从来都没让她对此做出过设想，她都被吓着了，只能语无伦次地回答'我不是很确定'。他告诉她：'喔，我确信你可以。我正在推荐你。'

"他做到了，而她赢得了这份工作。她跟着三位总统在全世界旅行。而且这个故事还有一个愉快的后记呢。"接下来曼克斯有点离题了，不过我认为这部分是值得重述的，因为它把"不合理的"想法加入了背景之中。

"康妮的父亲以前是位菲律宾服务员，美国海军有个雇用菲

— 75 —

律宾服务员为舰队司令工作的惯例，让他们负责膳食、清扫和其他普通的家务劳动。这些服务员经常从后面进出舰队司令们的家，有时候还带他们的孩子去一起工作，当然也是从后门进去的。

"这些孩子中的一员——康妮·马里诺，后来成了第一位菲律宾裔海军司令。在国宴厅举行的典礼上，在亚伯拉罕·林肯的塑像下和第一夫人的注视下，她向克林顿总统起誓效忠。她让父亲为自己系上其中一个司令金色肩章。她后来说，他的手因为激动而颤抖不已。

"你能想象这个吗？你能感受他的感受吗？没有从后门进入的一天；他从白宫的主要入口进入，然后以海军司令父亲的身份离去。

"这难道不是这个国家的美丽之处吗？这难道不是真正的美国之梦吗？它不是唯物主义——它是将你自己的人生故事写在崭新干净的白纸上的自由。

"这个国家由那些不凡的人们建立，他们不会听命于理智，把事情解决了，然后待在欧洲，他们不会容忍或向英王俯首。这个国家由那些敢于把茶叶倾倒进海港的人建立，还有那些后来坐着马车启程前往西方的人们。这个国家正是由那些不遵从常理的人建立的。"他沉浸其中自语道，"换言之，我们正生活在'非常理之人的国度'。"

亚伯拉罕・林肯塑像

比非常好还好

意识到自己已经远离所要表达的话题，曼克斯笑了。"我几乎都要忘了，"他又安静地说道，"马里诺博士获得金质肩章的那天，还有其他人在场——她的旧上司——约翰·米塔斯。她回忆说，他帮助无数的人让他们走上心仪的岗位，以至于他以前的员工都开玩笑说他们获得了米塔斯之触。

"放弃自己的明星员工并不符合传统逻辑——得鼓起极大的勇气才行。这个勇气也让我们想起了那些不仅超脱于利己主义，而且看开了同事关系，直视他们自身最好方面的人们。你们明白这意味着什么。"

曼克斯看向安吉丽娜，问道："你怎么想？"

"呃，这可真是美好，我真希望自己也能如此，但是……"她露出哀怨的笑容，"这是个飞跃。像是超越逻辑。"她的表情告诉我们，她觉得这种事情离她的生活如此之远，就如同跳进一辆康内斯托加式宽轮篷车直直地向渺无人烟的荒漠中开去一样。

曼克斯报以理解的表情，伸出手去拉着她的手。"你之所以有这样的反应，是因为你身上具备一种古老的美德叫谦虚。非常非常的脱离时尚。不过，这是你成为超越完美之人所需要的美德之一。而另外的美德就是，同情心、善良和高尚。我这么说可是自有道理。"他转头向我："你们已经具备了这些素质。剩下的都是可以通过学习获得的。"

安吉丽娜做了个鬼脸，"我认为我可能被困在合乎逻辑的程式中了。我不确定自己能产生飞跃。"

"不，不是的。"曼克斯坚决地回应道，"最困难的部分仅仅是牢记要飞跃。学校教导你们设想别人的思维模式，然后搜肠刮肚完成作业。但是，现在你完全不必做任何与这个习惯有关的事情，紧随你的连贯的思路就可以。找出符合逻辑的解决办法，然后——魔法来了——走得稍稍远一下。当你有了一个好的方案时，不要停滞；相反，先恭喜自己做出了好的方案，然后把它扔到一边，问问自己：'能做到多好？'给自己一个奖励，以鼓励你再次得到一个不能再改进的好方案——这样能够让你得到飞跃的机会。跟上了吗？"

"勤勉，然后飞跃。"安吉丽娜重复道，声音不是很确信。

"没错！一百个人中只有一个人能够做到比勤勉更进一步，所以这种感觉很不一样——非同一般！这也是你怎么能变得特别，努力让自己不同寻常，那么你会得到每一个机会。"

我想我是明白了，于是又说："你可以观察每个人，想想他们能成为什么样。也用同样的目光去看每个项目。你的视线穿过已经存在的东西，并且逾越了理智这个台阶。你训练自己看到事物的另一面：潜在性。"

— 79 —

比非常好还好

曼克斯为我的发言鼓掌喝彩："你给了我们很好的总结，而且跃入了下一个主题。"

第 三 章

超越完美的同事、与众不同的学习或性感的大脑

别人越觉得你愚笨，被你杀死时就越惊异。

——威廉·克莱顿

（William Clayton）

智慧之人解读已经发生的事情。

天才之人解读将要发生的事情。

——约翰·西阿第

（John Ciardi）

第三章　超越完美的同事、与众不同的学习或性感的大脑

曼克斯领我们出了博物馆，拾级而上，来到一个博物馆和表演大厅相接处的庭院。一位双簧管乐手正坐在台阶上练习，正好利用了环绕院子的高墙所制造的音响效果。

我们从一个推着小车的小贩那里买了汽水，坐在一个塑料桌子前，看周围的麻雀在树上嬉戏。

曼克斯盯着麻雀开始说道："这些鸟让我想起了我新近学习的一些东西。我阅读了一些关于乌鸦的研究，了解到它们如何从同类那里学习。我偶尔看到一个早些的资料，它强烈地吸引了我。这些资料声称乌鸦可以数数，不过只能数到6而已。"

我明白他期待我问"你的观点"，不过我犹豫了一下。

曼克斯读懂了我的心思——他总是能做到——说："你在思考，'所以呢？了不得。'我明白了。不过这里有个教训需要注意。如果6个猎人进入森林，5个离开了，那么乌鸦是知道仍然有一个猎人在森林里的。尽管如此，如果是7个猎人去了，6个中途离开，乌鸦会则认为森林里是安全的。对它而言，只是一群猎人来了，然后这群人又走了，所以没什么可担心的。

"你们明白这番话中荒谬的言外之意了吗？不仅仅针对乌鸦，我是说，对我们全体。"

我们俩没有领悟。

曼克斯开始苦心教导："乌鸦认为它是安全的。它觉得它凌驾于所有实物之上。它看不到危险，是因为它不知道自己只能

数到 6。它甚至都不知道 7 的存在。同样的道理之于我们：我们对未知的事物一无所知。

"我曾经研究过那些不招人喜欢的上司。结果证实，他们知道得越少，就越觉得自己知道得多。上司越差劲，自我评价也越高。我还听说有人形容最恶劣的管理为'脑袋插在屁股里的倒置'。一个古老的悖论说过，当它在管理中上演时，头越大，越容易滑落进——呃，倒插进屁股。

"在做那项有关上司的调查时，我偶然读到了《人格与社会心理学报》（Journal of Personality and Social Psychology）杂志上贾斯汀·克鲁格（Justin Kruger）和戴维·杜宁（David Dunning）合著的一篇论文。他们从最高程度说服了我这样的读者，因为他们以迈克阿瑟·威尔勒（McArthur Wheeler）——一个曾在匹兹堡抢劫两家银行的男人的故事开始。在这两个案子里，他并没有伪装攻击，而是直接走进银行实施抢劫。警察逮捕他的时候，告诉他是从那天晚上新闻播放的监视录像里认出他来的。这个家伙大吃一惊，不断地重复：'可是我涂了水果汁呀！'你们看，他坚信脸上涂了柠檬汁就可以在监控录像下隐形。

"在这个例子的写作中，作者们引用了达尔文的话：

"'自信往往来自无知而不见得是来自有知。'

"接着克鲁格和杜宁进入他们自己的研究发现。他们对实验人群每个人的幽默、语法、逻辑等几项能力进行了测试。结果是，知识/技能最差的那些参与者对自我水平的认知偏差最大。我记得这个统计：已经明确知道其成绩处于 12% 百分比等级的人群，当被要求自我排序时，认为自己的百分比等级至少是 62%。

"这说明，当你们学习一门学科或者是掌握一种技能时，你们能认识到多少要学习。事实上，那些高层次的强者反而对自己作出低于测试结果的估计。这就是博学之人的谦卑。有学识并不等于自负，而是获得赏识——谦虚的另一种形式。同样，这也是为什么最优秀的人总是有比询问者更多的问题，为什么他们有能互相联络的大脑。"

做我的华生[①]

我们又闲逛进了博物馆，但这次走了一条新路。我们穿过一组老式人物照片展示，那些黑白照片呈现了他们的沧桑和皱纹。曼克斯做了个手势，表示把它们全都包括了，然后说道："我想知道，这群人里有多少人经历岁月的同时也积累了更多的智慧。你们听到老年人的不满声了吧？他们埋怨我们的社会如何不尊老，但他们中又有多少人获得了被尊敬的权利？我遇到

---

① 华生，英国小说家柯南道尔创作的侦探小说中的主角福尔摩斯的助手，是一名医生。

的大多数老年人认为，生活的意义在于懂得周二是餐馆的折扣日。"

"你的观点呢？"我笑着问道。

曼克斯握拳猛击我的胳膊，感谢我适时提出问题。他解释说，他已经开始在博物馆里召开他的商务会议，这个灵感来自夏洛克·福尔摩斯①，因为他会到艺术博物馆侦破案件，源于他懂得一幅绘画或一尊雕塑中的景象，或者一个不经意遇到的脸孔，甚至不经意听到的一次谈话，都有可能启发灵感的火花。

安吉丽娜和我回到会议室时，曼克斯拽出一本他从前买的书——克莉丝汀·汤普森（Knistin Thompson）所著的《谋事伍斯特，成事吉夫斯》（Wooster Proposes，Jeeves Disposes）。这表明下面的事情将与福尔摩斯的事务有关。

他开始朗读一段克莉丝汀引用自 A. A. 米尔恩（Milne）的侦探小说中的话——对，就是那个设计维尼小熊的人——曼克斯和安吉丽娜大声地读了一段书中的侦探爱好者雇请一个朋友帮忙的情节：

"你准备好做一个完全的华生了吗？"他问道。

"华生？"

---

① 夏洛克·福尔摩斯，英国小说家柯南道尔在其作品中所创造出的 19 世纪英国侦探怪杰。头脑冷静，观察敏锐，推理缜密，足智多谋。已成为世界上家喻户晓的文学人物。

福尔摩斯探案插图

电影中的福尔摩斯

比非常好还好

"你听懂我的话了吗，华生？就是这样的华生：你是否准备好，对自己解释显而易见的事情，询问微不足道的问题，给我驳倒你的机会，然后在我得出结论后两三天你自己再发现这些绝妙的主意。我是说所有这样的事情？因为它有助于我。"

曼克斯也是随身带着米尔恩的小说，并且用着色笔在书中的章节段落里做了记号，每个段落都是一个英雄需要朋友的例子，如米尔恩在书中所言："华生主义"。

这当然很有趣，不过我不得不推迟一下华生例子的讲述。一个商业案例很有些特别的味道，是关于清洁女工对 NASA 发射的重要性的。我并不是期待曼克斯发现一些有用的事情。我应该更多地了解些，因为曼克斯随后让安吉丽娜读了一段伍德豪斯①（Wodehouse）的万能管家中的故事。现在所说的是雇员吉夫斯，他可以解决所有的问题，并保证让伯蒂摆脱了如此之多的困难，以至于伯蒂的朋友们都来向吉夫斯寻求帮助。当一个让伯蒂颇为头疼的熟人反对他雇用"本地员工"的时候，伯蒂斥责他说：

"不，人们并不想把这样的男仆排除在外。"我坚定的说，"尤其是吉夫斯那样的理想仆人。如果你这些年没有生

---

① 伍德豪斯（1881—1975），英国小说家和幽默作家。一生写有约 96 部小说和短篇小说集，还为 33 出音乐喜剧写过歌词。

活在这个乡下陈尸房附近，你会明白吉夫斯是个以上流社
会咨询师身份存在的好仆人。这片土地上的最上层人士都
会来向他请教问题。我都不该去想他们是不是没给他镶宝
石的鼻烟壶。"

曼克斯解释说，他对好同事的好奇心已经引导他去研究
虚构的伟大搭档们的关系了。他在汤普森的书中得出的观点
之一是，这种关系是"婚姻型"的。在这些角色之间存在一
种熟悉，这种熟悉既有创造性的又有戏剧性的存在，不过更
重要的是对另一方承担义务。如果对方有吸引力，那么它不
是自然母亲的幽默赐予的一些不正当的感觉，而是为了让对
方更完善。

曼克斯继续表述道："第一对搭档是华生用他的问题激励福
尔摩斯，并且同一个天才相处；而第二对搭档里呢，是伯蒂用
困难的局面激励吉夫斯。吉夫斯的地位对他是有利的，因为他
通常会因为自己的天才表现而获得丰厚的奖金。不过吉夫斯也
获得了另外的东西，而且是更重要的奖励：他渐渐地成了一个
英雄。伯蒂和他的朋友们就是证明吉夫斯才干的非常有价值的
证人。将这个与救助者和被救助者的亲密关系相结合，你也将
与才能联姻。"

我得告诉你，交谈的大部分内容我在脑子里都复习了一遍，
但最后的一小部分——"救助者和被救助者的亲密关系"，仍然

让我不能不重新思考。

曼克斯突然进入了下一个观点："换言之，重要的不是谁比较聪明，或者是谁对人有最出色的洞察力，只要你们一起工作，你拥有你们两个人的大脑，让它们联动工作，也就是说你有联合的才智——一个大大的、融合了的脑子。"

安吉丽娜领悟了，随即说道："你无需知道所有的事情，只要知道谁知道就可以了。"

我想我也明白了，于是补充说："如果你知道谁知道，那么你也就知道了。从书架或者橱柜的书里找寻答案并不难。这是你自己的知识。"

曼克斯向我们投以惊诧的目光。"嗯，我猜你们两个都已经把这个原理用箔纸包起来储藏在冰箱里了。非常好。那么我们继续向前。"

大脑，睾丸，心脏

"还记得我给你们讲的总统医生的故事吗，康妮·马里诺?"曼克斯问道。"是的，当她在白宫工作时，她必须让员工发展进步。而且康妮很精明，明白她所欠缺的——我也不仅指在专门的医学技术方面。举例说，当需要招募能培养成自己接班人的同事时，她选择了理查德·塔布（Richard Tubb）博士。事实上，他确实达到了她的要求。

第三章 超越完美的同事、与众不同的学习或性感的大脑

"塔布持有令人敬畏的学历证书，不过所有的候选者都具备这一条件。康妮曾经给过他我们都应该渴求的褒奖。

"'自从他加入后，这个组织发展得更好了。'

"当我问及她这番话所指是什么时，她告诉我，他'经常闭环处理'——意思是他很明白如何与人沟通。但是她也提及他'与自己相称'。在白宫工作期间，她会和同事们讨论'选择橱柜'。他们明白当你选择了自己的顾问时，也就是你选择如何做出决定的时候。

"在某些层面，选择你的顾问就如同在被问及之前回答问题一样。"

"注视着几位总统的工作让康妮认识到，她告诉我，你需要'一个爱开玩笑的人，一个凶兆预言者，一个分析家，以及一个战略家。'然后她向我透露，她曾将此应用到医学术语中，并且把决策过程压缩为三个词，还把它输入了桌面保护程序：'大脑，睾丸，心脏'。或者，脑袋，心，和……"曼克斯不是很确定怎么表达更合适，于是向安吉丽娜求证。

"蛋。"她补全了这个三字词，这让曼克斯为自己有意保留这个词没说而窃笑不已。

"这位好医生告诉我，"曼克斯继续讲述，"她总是有点太胆大妄为——经常很容易就突然变动。这也是她希望塔布加入的原因之一，因为他更有理智，更擅长分析。我的观点是，

— 91 —

如果你察觉到自己的缺陷，那表明在这个方面你的大脑成长了。你必须意识到你的缺点，这样才能仔细思考与其有关的方法。"

"增加一叶大脑。"我自告奋勇地帮助分析。

"确实是。好的，你们都理解这个观点了，那么我就不再讲其他例子了。不过我想清楚说明的是，当我问起人们关于超越完美的雇员的事情时，我几乎始终听到一些不同的版本，与康妮所用的对抗平衡手法一样。也就是说，要想成为一个明星，你就必须表现得与众不同，而不是遵从规章习惯。"

"你让我想起了一个关于失业者的英语表达，"安吉丽娜评论说："'过剩劳力'。如果你不是过剩的，那你就是多余的。"

"也可以说，"我增加了一点，"如威廉·里格利（William Wrigley）曾经提出的：

　　"'如果两个人在生意中总是意见一致，那么有一个人就是不必要的。'"

曼克斯露齿一笑，说："所以我们可以总结为：有必要坚持不懈地为聚集而成的大脑增加新的脑叶。我们也可以将此作为一个提高人生的非凡目标：每周或每月增加一叶新的大脑。这会迫使你外出，并且在自己部门内外的其他小组探究。"

"我会这么做的。每周。"安吉丽娜表示。我知道这对她会比较容易，因为她的笑容好像在说，她会打开门，甚至打开金库。随后我认识到我也可以轻松做到，因为我可以在销售工作中见到很多人，我只需要让大脑联通互动，也就是保持好奇就行。

大脑跳动

"我们都听说过'心脏跳动'，"曼克斯说道，"唔，稍等稍等——听过吗？这是个很古老的表达，好好想想。"

我们俩向他保证知道这个表达。

"那好，就让我们讨论大脑跳动吧。你们想创造一个庞大的大脑，这样以后才能让它容量巨大。这些灰色的家伙干起活来很平稳。你希望人们考虑你，为你着想，跟你想的一样。我们想让别人听到你时的欣喜之际，大脑因快乐而跳动。"曼克斯得意洋洋的补充道，"换言之呢，你有个可以吸引别的大脑的大脑——一个性感的大脑（sexy brain）。"

我为他的想象和热情而哧哧地笑起了来，"我们不是已经说过这个了吗，在讨论'可爱的不可理喻的人们'和'大脑跳动'时？"

"确实如此，我的年轻朋友。现在我们只是要找出这是如何做到的。有时候，仅仅是碰巧发现了一个好主意就能做到这些。以你所讲的抵押公司的副主席为例。他叫什么名字来着？"

"熔岩星的克里斯·米勒。"我告诉他。

"你的克里斯·米勒让你的脑子跳动了，就是因为他告诉了你他聘用职业顾问的想法。不过，让我们回过头再次看看他是如何想到这个主意的：他正好在同一天早上与招聘和采集部门都有会议。他把通常不会相交的两种思维方式融合在了一起，于是自己的智慧得到了延伸。

"这是启发想象力的一种方式——强迫一般不能共同运作的观点结合——这也是大多数头脑风暴会议的组成部分。这样你可以让自己的脑子跳动起来，做得正确的话，就能让其他的大脑也跟着跳动。

"但现在我想要说的是如何培养一个兼容的大脑，让其他人沿着自己要成为英雄的思路去思考。该搬出另一个我中意的例子来了——来自百事达的一个超越完美的经理，租赁电影的人们。"

问题就是答案

"他们的一个经理——麦克·罗默（Mike Roemer），也是首席运营官，给我留下了很深的印象。因为一件事情，他想要改进那些店铺，而且他也很聪明，知道自己需要查明不了解的方面。他需要店铺员工能有效管理时间，但先要了解他们是怎么利用时间的。于是他雇人进店里观察。只是观察。最后他得到一份有 969 条记录的观察报告。这些报告清楚地反映出，'客户服务'人员实际上只花很少的时间给顾客提供服务——精确地说，是他们时间的 36%。

"于是麦克雇请了一些成功店铺的人员，来帮助分析这些人服务顾客的时间被分散转移到了哪些地方。注意，他创造了一个大的脑子。结果当然是找到许多节约时间的方法。他们发现，可以减少总体的工作时间，同时将为顾客服务的时间从 36% 增加到 50%，并且可以继续提高。雇员有了更多的时间可以做他们喜欢的事情——谈论电影——而且顾客也获得了帮助，除此以外整体成本也降低了。这就是懂得己所不能并坦然受之的威力。非常巨大——就像乌鸦可以数数过 6 一样。"

"但这一切只能说明麦克是个令人钦佩的人。所以，他在我询问超越完美同事的人的名单上。他也给我讲了一个精神抖擞的家伙的事情，一个名叫沙恩·伊万格里斯特的成长中的企业明星——对一些人来说非常伟大的名字，因擅长提携他人而出名。尽管如此，他并不是通过改变别人而赢得人心，相反，他是让别人来改变自己。这可是个性感的大脑啊。"

（曼克斯讲到在这里，我打断了一下，因为我当时很迷惑，或许你也是吧。麦克·罗默是首席运营官，沙恩·伊万格里斯特（Shame Evngelist）是一颗冉冉升起的新星，他需要向麦克汇报。）

重新回到曼克斯的讲述：

"我那时跟麦克·罗默谈话时，他直接开始告诉我沙恩的事情，当时他年近 30 多岁，但已经成为百事达重要的项目负责人。

"'为什么？'我问麦克，他这么告诉我：'他全身散发着领导力。他能激励全屋子的人。他以前是个体操运动员，有一次开会，他穿着正装西服就跳起来做了一个 360 度空翻，就是为了让人们振奋清醒。随后他在一对一交流中也表现非凡。一次，沙恩与另一名员工乘坐飞机，登机后他被升了至头等仓——这是经常乘机的优惠。但是起飞后，他又来到经济仓，坐在那个年轻员工边上的空位上，用飞行旅途的全部两个小时和他讨论他的未来。'"

曼克斯向我们投以追根究底的目光，安吉丽娜立即作出回应："我有一个超过期望的见解——从字面意思上看，在第一个案例中。"

"如果你想让别人为你大唱赞歌，你得给他们写好歌词。"曼克斯暂停了一下，咧嘴笑了起来。"喔，这个想法很妙。等等，我得把它记下来。"

记录完了之后，曼克斯继续说道："我很好奇如何在两分钟内让全屋子的人振奋，于是我继续注意听沙恩在不做空翻时是怎么做的。麦克说：

第三章　超越完美的同事、与众不同的学习或性感的大脑

"'他不是努力提供解决方案，他仅仅让每个人牢记主要的目标。他绘出蓝图。'"

"当我接着问麦克他是怎么作画时，麦克告诉我应该问沙恩本人。于是我找到了他。但是立刻地，当我告诉沙恩我从麦克·罗默那里听到他是多么了不起后，我就因他所讲的话而惊诧无比。他是这么说的：'凡是麦克所说的关于我的任何积极的事情，我可以告诉你双倍关于他的。他才是最好的。'"

"于是我明白这个道理了，便问他如何'作画'，并且让别人看到主要的目标。他理性地讲了一番道理，然后告诉我一个在实践中如何运用的例子。"

曼克斯冲我眨眨眼："做笔记。"不过我想得比他早，已经在写了。

"沙恩负责启动百事达互联网事务，这样的话电影就可以反复传递。他深知这项风险投资的获利点依赖于订货供应的效率——也就是把顾客的需求从电脑上导出，然后把 DVD 邮寄出去。他也早已认识到，员工在 60 秒内完成的订单才可能被接受。于是他来到他的团队说道：'我现在想知道是否有方法能减少办理时间，我是说，到 50 秒。'"

"他接着解释：'我不知道如何能在 50 秒内完成，我想要尝试的就是绘出蓝图，让大家明白效率是值得学习并为之努力的。随后工作小组汇报说，他们已经把过程降到了 40 秒。因此我们

庆祝了一番，并建立信心准备胜过预期。'"曼克斯总结说，"这就是为什么说问题就是答案。做我的华生，让我竭尽全力；或是成为我的吉夫斯，让我大吃一惊。我不在乎你是员工还是经理，问题还是答案。"

曼克斯眉开眼笑地看着我们，有点儿炫耀地说："这是个性感大脑的非常不错的例子，不是吗？"

我们不得不同意确实如此，特别是它让我在自己的思路中得到了突破。我从前非常苦恼，想象不出如何定义新脑叶并且找到它们来形成一个大的大脑——不仅如此，可能还要更棘手——如何掌握"可爱的不可理喻"的要点。现在我总算明白了。我不需要答案，只要大量的"若是……又怎么样？"和"还要什么"的问题——这就是性感的大脑如何召集另一个大脑的秘诀。

作为一个销售人员，我懂得很多关于问问题的技巧，以便让顾客得出应该从我这里购买的结论。这样的购买更多可能是停留在客户的意向是否能得出我的计划最好的结论的层面。不过现在，我对此有了不同的看法。我旧有的询问方式是在地图上为顾客指路，但是这条新规则直直的指向了这张地图以外。我能绘出的这幅图上有些东西远胜于过去的那些，是一个更好的共同合作的方法，而且我们可以帮助彼此到达那里。

————————————

安吉丽娜也有一个自己的例子。"我有个怦怦跳的脑子的故事。"她开始讲述，"她叫玛丽·凯西（Marie Casey），来自圣路易。她也是一个难能可贵的人。因为她的与人相处之道，她的通讯公司异常兴旺，而且又有了新的项目。她也感到过挫败，因为这个新的项目包括有公司史，但她根本没有时间来做这些。

"带着恼火的情绪，她向一个正准备帮助她管理生活的顾问抱怨这样的挫折。对玛丽而言，这一般是不可能解决的问题，因为她想让自己的生活简单，而不是增加另外的事情。这位顾问说：

"'为什么不找你的同事帮忙呢?'

"于是玛丽决定试试。而她的员工也很乐意帮助她。他们告诉她可以每周在家工作一天，他们会替她遮掩。目前，她正在开展新项目，并且非常热爱这项事情。"

曼克斯刚想有所回应，安吉丽娜立即说："等等！我还有件事情没讲呢。玛丽告诉我，那位顾问问到过大概这样的问题：'这样的决定与你对生活所要求的是否保持一致?'这激励她开始问自己的员工棘手的问题。她每月都举行一次会议，问自己的员工：'你学到了什么?'知道每月都会被问到，这难道不是一个特别让人提心吊胆的问题吗?"

"特别让人提心吊胆,是这样的。"我回答道,"不过,这适合培养一副巨大的性感的脑子。"

"一点儿也不错。"曼克斯很是赞同,"我还想跟这位顾问谈谈。你能告诉我她的名字吗?"

"当然。我见过她。她叫詹·特瑞斯—莫克瓦(Jan Torrisi-Mokwa)。我家里有她的名片。"

———————————

谈到棘手问题,曼克斯随后又给我们讲述了他和两位剧作家——利奥·本维奴蒂(Leo Benvenuti)和史蒂夫·鲁德尼克(Steve Rudnik)的会谈。他们有数部电影作品,包括我非常欣赏的一部《足球老爹》① (Kicking anlo Screaming,由威尔·法莱尔和罗伯特·杜瓦尔扮演足球教练的一部喜剧)。曼克斯热衷于他所谓的好莱坞模式,这是他对用演出需求把有才干的人聚在一起承担特别任务的思维的定义。同时,他希望安吉丽娜和我能用"电影镜头"想一想。下面就是曼克斯如何指导我们做的:

———————————

① 《足球老爹》,一部在美国极为少见的英式足球题材的影片。讲述一对父子各自组织了一支足球队,相互竞争,笑料百出,最终言归于好。

《足球老爹》剧照

比非常好还好

"当我问这对银幕二人组在电影拍摄中各自的角色时，他们都因对曾一起工作的导演的回忆而受到感染激动。这位导演名叫杰西·迪伦（Sesse Dylan），碰巧也是鲍勃·迪伦（Bob Dylan）的儿子。这两人点着烟，给我讲述他们所谓的'真正的共同研究'。'这是什么样的研究呢？'我问他们。杰西让他们交给他一些比他们以往最好的作品还要优秀的东西，这让他们感到确实参与了。毕竟，他们为制作出可能最好的银幕作品而辛勤工作过——他们已经交上了最好的作品。虽然如此，在确认了电影中的每一个情节后，杰西还是会用不同的方式问：'好了，我们做完了。还有别的要补充的吗？'或是只是简单地问：'还有什么你们想尝试的吗？'如本维奴蒂所言，'拍摄的时候看上去完全不同。你能发现某个演员的长处并且充分发挥利用，或者是抛出一个构想，让威尔匆匆过目。'"

曼克斯伸手抱住我的肩膀："听上去是不是有点耳熟？"我告诉他是有点儿这样，这个例子与那个拍摄纪录片的人和我们之前讨论的"苦学，然后飞跃"很类似。

"你让人选择了正确之道，而且没有停止，并且以'正确'作为指向创造的起点。记录了第一种范例并没有把你关在里面；它让你自由徜徉。'我们知道我们拥有可以利用的美好事物，那么，还有什么可以试试的？'

"设想你在为像杰西·迪伦这样的人工作——正是因为你知

道将被问到'还有什么我们可以试试的?'所以你在那里能够充分感受到被重视。你不能总是设想自己的工作是完美的,因为你经常要深思如何让它比非常好还好。并且你的思维总是充满了可能性。"

接着,我们开始探讨一起工作时如何让同事"充满可能性"。

这就引出了一个对我来说特别有趣的例子,因为它带给了我一次高级订单销售的革新。曼克斯见过一个与发射站(手机通讯信号传输塔)有商务合作的公司的经理。这样的发射站能覆盖整个国家、区域和所有剩余部分。下面是曼克斯对我们讲述的:

"当时我正乘飞机旅行,去搜寻那些难能可贵的人。当然,我问了邻座的小伙子是否对此有什么想法。他名叫比尔·马拉(Bill Mara),他给我讲述了他的公司如何从只做网址收购发展到网站管理这样的相当庞大的业务的。

"他们听说一家巨型无线企业正在寻找一个合适的管理公司,雇请其接管网站。公司的创始人莱尔(L. G. Lyle)问:'我们能投标吗?'一个简单又微不足道的问题,就是那种你只要与客户交谈就可能会被问到的问题。答案是肯定的,于是他们就这么做了。

"但是情形变得复杂了。

"还有第二轮的招标,但我们小小的莱尔公司并没有获邀参加。虽然如此，莱尔已经聚集了一群包括卖主、顾客和内部人员在内的人，一起讨论这个行业在今后几年会如何发展变化。所以，他们并没有只是为自己出局感到遗憾，而是继续学习研究。

"不久以后，当第二轮投标慢慢吞吞地进行的时候，这家巨型无线公司的人让莱尔公司负责一小部分的网站管理——临时性的，只是为了填充找到大的合适的管理公司之前的空缺。最后，又有第三次招标，而莱尔的人得到了邀请。此时，他们已经具备了比其他大公司更多的特殊行业和客户知识——没错——他们拿到了这份庞大的合同。"

如我所讲，这个故事是真实可信的，因为作为销售员，我已经认识到了这些。我有机会问客户很多问题，通常来说，这是让他们领悟你所提供的产品或服务的一种途径。但正如这个例子所说明的，当你和顾客一起学习时，你就让他们踏上了通往竞争对手消失不见之处的旅途——好奇心是很有竞争力的优点。这也带我们进入了如何将好奇付诸实践的讨论。

实验从不失败

我经常记起曼克斯的一条格言，几乎每天都会想起："实验从不失败。"通过这个，他告诉我们，如果你正在实验，那么你已经认真思考过如何改进，而且即使结果并不像你期望的那样，你也可以追溯之前的所作所为，留下尝试过通过实践去打破现状的美好回忆。此外，不论你在与什么样的构思嬉戏，你都在同时在增加你的大脑魅力——毕竟，你在和创意一起活动，而不是单纯地计划、评估或是会晤。

"实验从不失败"的见解非常贴切地契合了曼克斯关于开展门房项目的女士的故事——她没有相关的资源可以利用，但是不管怎样她取得了进展。我料想你们可能会争辩，实际上以实验开始比因为目光集中在了不起的新倡议上苦恼要好得多。

自那天我们和曼克斯会面后，我开始花时间研究 NASA，把它作为我们行业协会的基础评价项目的一部分。我见过的印象最深刻的人之一是一个说话圆滑的天才，名叫史蒂文·冈萨雷斯（Steven Gonzalez）。我和他在 NASA 讨论超越完美的同事，他告诉了我一些事情，其中包括两个我想讲述给你的，他们都找到了通过实验加快工作速度的方法。

首先，他谈到一个"可爱的不可理喻的上司"，这位上司给自己的团队起海盗的绰号，着迷于大声争论项目，陶醉在用几个月的时间完成数年的工作。

史蒂文告诉我，速度来自寻找最短的路线。"让我们看看是否如此。"举例说明，在太空航行地面指挥中心的重新设计筹划中：

比非常好还好

"这不是提案委员会，是要形成螺形支架，并且把它们到处挪动，直到我们有了一个设计。"

结果是每个人都想为他工作。真是令人惊奇，一个反官僚主义者如何能吸引有才能的人——最了不起的人，连他们都明白实验从不失败，并且期望成为在附近留连、看发生了什么的力量的一部分。

史蒂文同时也说起了另一位同事——托尼·布瑞斯（Tony Bruins），他创造了被人称为"真实的人"的东西。这是一个电脑程序，可以预报宇航员在太空可能发生问题的地方。史蒂文说："当你建造任何去往太空的东西时——一套衣服或是一辆卡车——你都必须考虑它能不能发挥工作的最大效能。比如说，这可能不会发生在你身上，但在太空中，应变的主要地方就是脚面，因为你得压迫那里来保证自己不会飘走。我们经常以人类的身体为开端，然后围绕它开始建造。然而现在，我们以人的模型为开始。这个'真实的人'可以显示哪里发生疼痛，就像衣物中的'狭点'。"

"真实的人"的成功，促使史蒂文建议托尼成立一个研究新科技的实验室。托尼不在乎缺少预算，很快投入到了这个项目，而且还聚起了一支由公司和大学里的优秀人才组成的团队，新实验室很快蓬勃成长起来。

这是一个证明缺少预算也可以获得启动的例子，因为跟随预算而来的有提案、报告和委员会——我想象着一群会计在背后盯着自己，还得努力让自己挂上笑脸。但是托尼着手做了，而且随后而来的钱足够配上他的精力和热情。

顺便说一句，史蒂文谈到托尼的时候，他的双眼闪闪发亮，给了托尼令人惊叹的赞美：

> "他很有感染力。他有着通过眼神表情达意的本领，他能让每个人感到平静，让他们在他的激情中找到位置。"

如果你和我一样，你也会想对别人有如此的影响。不过，我要继续讲述我们的故事了。

从伟大到优秀

下一个例子来自曼克斯从纸袋子里拿出的一篇文章，也是从 www. Christianity Today. com 下载来的。曼克斯在哪儿找到的这个素材？我可不能告诉你。他告诉我他的好奇心是可以传染的，而且当人们读到有趣的故事时会想起他，于是在他联通的脑子里就有了很多的脑叶。

这篇文章标题为《从伟大到优秀的教堂》（Great ot Good Churches），作者是艾力克·斯万森（Eric Sivanson）。如果你和我一样，就会将文章标题的前半部分像通常见到的书本里的文句那样阅读：从优秀到伟大，但是这里要说的是另一个方向。

斯万森写道："许多教堂一直在探索成为伟大教堂之路。全体牧师都为促进这个过程而存在——从筹款到教堂建筑程序，到礼拜仪式的财力物力，再到实施。而且几乎每个社区都至少有一座非凡的教堂，作为教会成员的能力的检验标准。但是大教堂有一个烦恼的秘密：单单尺寸够大是不足以称之为好的。"

斯万森认为，成为伟大的强烈欲望会转移当前做到优秀的能力。他指出："也许从神的眼里看来，我们能做的最伟大的事情更多的是与美德有关，而不是非凡。"而且，"与人们所有的势不可挡的问题相比，我们经常想，这么丁点儿的善行有什么用呢？"

它能做什么呢？斯万森通过讲述帕萨迪纳市教堂为无家可归的人们举办橄榄球超级杯大赛，给我们阐述了这个问题。那有什么用呢？那天下午，大约有 250 人度过了一段美好的时光。了不起！后来，那场盛会发展成了一个每周一次的宴会和《圣经》学习会，而且如今这座教堂正在计划建设过渡性的住房，以供无家可归者居住。斯万森这样谈及这些小的、刚开展的工程："从传统意义上讲，不是每个教堂都可以从优秀变为伟大，但是，或许它正在做那些让我们变得高尚的善事——无论我们是何种声望。"

在曼克斯、安吉丽娜和我讨论这个从伟大到优秀的事例时，我们看到它与我们的会谈的配合是多么完美。我怀疑它在教堂中的真实性，但是，在我们供职的公司中确实如此：个人几乎不能支配适当做事的资源，或者很难被邀请设计一些伟大的事物并且实现它。不，大多数管理都相当于指示你"努力工作，依照安排干活，不要太积极主动"。这是老式的"完美"管理的传统理念。然而，我们每个人都有机会通过询问把事情做得更好。"我们如何能为顾客把这个做得再好些?"附带的结果也是为我们自己做得更好些。你可以接受不那么伟大的事物，但是无论如何也不能容忍偷走成为伟大的重要时刻。这就是你如何向超越完美的思维迈进的一步。

开端和结束

曼克斯正在给我们讲述另外一个更好的利用较大大脑的策略。"让我们来看看一个我非常钦佩的人，丹·沙利文（Dan Sullivan），策略教练公司——一家与成功企业家合作的公司——的领导人。他提供了他称之为'80%接近'的观念。

"这个见解指的是，在你了解了一个项目之后，不是选择完成，你的目标是离完成项目接近 80%，然后将它交由别人处理，由他人完成剩余的部分。

"沙利文提出，这样你可以更快地想到一个更好的结局。他举了一个来自自己实际工作中的例子。他喜欢自己给公司的材料做图解设计。他说完成这样的设计几乎要用一周的时间。不过，随后他做了一个实验。他先做了这项工作的 80%。大概用了两天，我想是这样的。接着他交接了工作，而且就在另一天，设计完成了，并且比他之前自己做的还要好。"

曼克斯满面笑容地问道："我们三个都明白为什么，对吗?"

安吉丽娜先开口说："他获得了一个较大的大脑。"

"还有，"我补充说，"他有能力完全进入这个项目但却没有。而且，他不用承受因清楚自己要做得很完美而带来的压力。这就是从伟大到优秀，然后又转回到伟大。"

"没错。再有，我想让你们明白，我不单纯是给你们传达一个理论;我也在试用。有一段时间，我和一些执行官们一起工作，想改进一下新的零售观点。我们分成了五个小组，每个小组负责一个新商业的不同研究主题。小组把他们的建议写在一个公示板上，展示给全组的人看。我那时就四处走动，收集每一块公示板的建议，然后把它传给下一个小组看，并且让他们花几分钟时间改良他们手里的公示板上的内容。

"开始时工作很慢。——我甚至听到人们说:'喔，这样已经非常完美了。'我鼓励他们抛弃这种观念，给他们解释所谓'完美'不过是让你停止思考的陷阱。"曼克斯讲到这里停了下来，用双手示意做了一个老式的捕熊陷阱。

"你们想到将要发生些什么吗? 只要有人说'完美'，那么，所有的大脑马上就停止运作了。完美这个词就是关闭创造力的电闸。"曼克斯很满意自己的比喻，等着我们作出赞同的反应。

我很乐意地表示了赞同，因为我确实明白了这种"超越完美"的见解——抛弃完美无缺而寻找更好的事物的人将总是孤独前行，应该给他们授予先行者的荣誉。

我们的良师益友还在继续他的讲述，解释他和那五个小组的实验："就这样，我推进了他们，而且，瞧——那可不就是构思水平的迅猛飞长吗？我不能不说，它使创造力成倍增加，而且是在 15 分钟之内。那里的每个人在看到第二次尝试后发生的变化，都目瞪口呆了。

"然后我问他们，如果每个小组都多花 15 分钟停留在原有的计划上，可能会发生怎样的变化。他们都同意改进将是微乎其微的，可能是 5% 或者 10%。而经过实验，创造力的产出倍增了。

"人们不想一转身就失去自己的创意。实际上，他们更倾向于秘密地持有它们，而不是因为它们失去信誉。我猜想的。但是，我希望我们大家一旦觉得好像完成了 80%，那就请来别人介入。让我们假定自己已经遗漏了一些事情。适合的人会乐于应邀施予帮助的。这可是能让大脑活跃起来的好材料。"

性感大脑与呼叫匹配

紧接着，曼克斯给了我们一些例子，都是关于英明领导者设法创造增加大脑魅力的手段的。第一个例子是有关于温

— 111 —

泽勒设备公司的。这家公司由约翰·温泽勒（John Wunzeler）管理，正是他决定公司不能只在成本上竞争，而且应该加快努力，让设备供应满足已经准备好要投入生产的项目。更确切地说，他要自己的企业成为整个流程的一部分，包括设计环节。当他增建了工厂时——这是一个临近奥哈尔机场的独立区域——他建造了一个中庭艺术画廊。这个画廊的设计初衷是吸引设计者——他希望能拿出一个办公场所，可以很有创意地会见和工作。而他的冷色会议区是他得以登上商品设计早期舞台的门票，也是让他从低成本供应商转变为大脑活跃者的入场券。

另一个例子是一家公司通过低价格保证其设想与呼叫相配。曼克斯是从 Z-CoiLs 的设计者奥尔瓦若·加勒戈斯（Alvaro Galleges）处听到这个故事的，他设计的鞋子在脚后跟都装有一个大大的弹簧。很多年以来，加勒戈斯都是保有这个构思而随便玩玩，直到有一天他收到一个叫 Yong Oh Lee 的人发来的邮件，那人说你只花 50 美元他就能为你做任何样品鞋。加勒戈斯买了样品，而 Lee 的公司成了 Z-CoiLs 的制造商。50 美元的价格低得荒谬——简直是不可理喻的低——但是这仍然通行。要点不是通过样品赚钱，而是成为制作样品的第一选择，并且由此获得新品鞋推出的优先获利机会。

"顺带一提，我回想这个事例的时候，感到这真是个疯狂的想法：加勒戈斯认为自己能创造出比耐克或锐步更好的品牌，就凭借他们的设计者、工程师以及技术人员这样的工作团队。不过，随后他见到了 Yong Oh Lee，一个同样疯狂得想要生产样品来赔钱的人。这样，我们就见到两个可爱的不可理喻的人碰到了一起。

"从约翰·温泽勒和 Yong Oh Lee 身上，我们看到了这样的两个人：他们进入到了超越逻辑的思维空间，拒绝成为畏怯的角色，拒绝接受作为典型供应商所得的萎缩的边缘利润。正是这样，他们让自己的大脑跃动了起来。"

接受批评的艺术

为了加快谈话进度，曼克斯说："我们来做个实验。我们谈话的时候，大家都绕着桌子走。看看会发生什么。"

我觉得绕着大会议桌兜圈有点儿蠢，但是动一动的感觉也不错；毕竟，当时我们已经在那间屋子里度过了几乎整整一个下午。

"在上次的讨论中，"曼克斯开始回顾，"我们已经很接近这个重要的主题了，这应该是我们结束这部分之前必须讨论的话题。而且相当巧合，安吉丽娜给我们带来了迪斯尼音乐厅和弗兰克·格瑞的故事。"

撕碎天才

"我听过一位知名人士的演讲，他曾雇请格瑞建造位于西班牙毕尔巴鄂的古根海姆博物馆，并又请他建造曼哈顿的新古根海姆博物馆。这个人就是托马斯·克伦斯（Thomas Krens），所有古根海姆博物馆的经理。曾有参观者问他，为什么又选择了格瑞。他的回答强烈地吸引了我：

"你可以批评他啊。"

这就是他所说的全部，然后就离开了。但后来我安排了一次同克伦斯的会面，而且我很快就照着这个评论谈了下去。他是在说格瑞没有自尊心吗？不，他在强调这一点。事实上，他说：

"格瑞的自尊心比我认识的任何建筑师都强。他很清楚自己是个天才。而且他也知道他太过优秀，如果他完成了这项设计，那么它将更加的出色。"

"克伦斯把这个与大部分想要反驳每一个观点的建筑师作了比对。'和格瑞在一起，'他这么解释，'如果你觉得不喜欢，他会很乐意地撕碎这个设计。'

"很乐意地撕碎设计。你能想象吗？原因之一就是他觉得格瑞是一个实验者，是一个开始就为了看看如何发展的那种类型的工作者。克伦斯和我坐在一起，模拟格瑞的工作，他折了些纸，然后用透明胶带把它们黏在桌子上。实际上，克伦斯一分钟内就做出了一个动人的格瑞风格的设计。

"设想你能到达多远，假定你可以和不计其数的设计家一起游戏，而不是集中在一个或两个人身上去建造常见的模型。"

照例，曼克斯给了我们一个他并非多么精彩的眼神。安吉丽娜犹豫了一下，说："我知道这是实践运用环节，而且我也正在试着想象如何将其应用到我的工作中。但是什么都没想出来。"

"好的。首先，要高高兴兴地毁掉你的成果。接受批评的艺术包括要有下次能做得更好的自负。其次，让我们回顾实验和增加脑叶是明智的做法，这会让我们进入到下一个策略。"

和大脑谈情说爱

"我认识一些经理人，"曼克斯说，"他们常常询问所有问题的多种多样解决方案。但是你们，作为一个雇员，没有必要等着被问到。带着三个还未出现的解决方案来。这是称职的创造者，就像广告机构的人员，他们懂得自己最中意的创意极少和顾客最喜欢的那个是一致的。

"除此之外，正如我们早些时候的探讨所说，大脑的思考早于旧有的构思，而且如果被推动，下一步它将构建合理的新计划。你必须推动它向超越逻辑靠近。一定记住：第一个解决方案是借用的；第二个解决方案是合理的；第三个解决方案是天才的。"

安吉丽娜因为自己优雅地绕着桌子走动而眉开眼笑，她说："我刚好有这么一个地方可以尝试它。我的老板给了我一个项目，而且我有一个完整的解决方案，但是我会给他几个其他的。今天之前，我一直想给他那个我知道他马上会喜欢上的方案。我甚至还要问自己，'如果他在做这个项目，他会怎么做'。如今我认识到，我那是在阻挠将我们俩的大脑相连组成更大的大脑的意图。当然，这也真的是不太可能。我只是用他也同样会用到的方法做这项工作。因此，这次我会给他期望的一个，但同时也要附加上至少一个使他吃惊的方案——然后看看我们在哪里完成项目。"

曼克斯反向绕着圈走，这样恰好给了安吉丽娜一个赞赏的击掌。曼克斯说："好极了！但要记住，当你给他这些选择的时候，他可能不会积极接受。这没关系。要抵制认为他是笨蛋或官僚主义者的诱惑。毕竟，他可能只是顽固地坚持身份地位而已，就像几乎每个人都做的那样。重要的是你要坚持增大你的大脑。

"千万不要让你的头脑分割开了。永远不要忘记你在和必然一起工作。但是，如日本武士道精神所言：

"'只要你有承担整个家族的抱负，那么没有任何精神和天赋是必需的，如有必要，独自承担这个重担。'"

安吉丽娜张了张嘴，但什么都没说。看到她很困惑，我开始自己理解这段话："不过，我想我们在这里是同心协力一起工作，而不是独自一人。那么，性感的大脑和丰富的脑叶发生了什么？"

曼克斯点点头，"是的。武士道的要点就是将你与家族的利益紧密结合——在这个例子中，就是组织和顾客。一旦你是，那么批评指责就是很纯粹的了。当你唯一的目标是为客户改善时，指责是受欢迎的，而且这会发生在你期望'承担整个家族'时。让我回顾并解释刚才跳过的争论，即如何与之结合，提出任何个人之上的批评，并且进入共同增进的阶段。"

他转向安吉丽娜说："我偶然发现了一个不可思议的结合方法。如果你想增加老板欣然接受你那些惊人设想的可能，你得问他问题，而不是宣扬你的才华。下面是我最中意的组合问题：

"'你认为这对我们的客户会有帮助吗？'

"这些词语里都有魔力，因为你已经远离了只是抛出一个想法了事的阶段——那意味着对你和老板的风险和工作量——而转向邀请他一起为顾客的利益工作。而且这还包括内部顾客。有意义吗？"

"是的。"她笑着回答。

曼克斯进一步解释："不是只让他思考：'为了安吉丽娜值

得这么麻烦吗?’他可能会想:‘为了我们的客户值得这么麻烦吗?’大多数时候,前一个问题的答案都是否定的,而后一个问题的答案则是肯定的。”

安吉丽娜显然并不在乎听到这个,因此她又补充了一点,自嘲道:“不过他还是喜欢我的。”

曼克斯紧紧搂着她的肩膀。“他怎么能不呢?但是如果他不喜欢,‘这对我们的客户有利吗’的问题就能体现得更好,因为你正在使自己脱离平衡。”

“还有就是——”我提出疑问,“当你的老板对这些构想什么意见都没有,而且只告诉你闭紧嘴巴干自己的活时,你还会这么做吗?”

曼克斯恼火地看了我一眼,尖刻地嘲笑我说:“嘿,我认为你是个销售员。如果你欺诈或是胁迫某人买你的东西的话,会发生什么?”

“那可是一种手榴弹式的销售——你逃跑掉,它也爆炸了。换句话说,他们会取消交易,而且再也不会从你这里购买。”

“那么,相反你会怎么做?”

“我让他们了解这个产品如何合乎他们的兴趣。”

“但如果以他们的眼光和自我兴趣评价,不是这么回事呢?”

“我可以尝试另一个方法。或者,假如它真的无法迎合他们的兴趣,我就选择走开——当我有一个更好的方案时,我就可以昂起头来，而他们的大门也是敞开着。"

　　曼克斯假装感到迷惑不解。"那么再问一次，关于销售观念你还有什么问题？"

　　"不要记在心上。"

　　"你等着听下个时段给你讲的例子吧。10亿美元的销售业绩，由一个非销售人员完成。"

第 四 章

超越完美的同事的交流有何不同寻常
或培养组织的第三只眼

你所不能传递，表达的东西推动着你的人生。

——罗伯特·安东尼

（Robert Anthony）

我们生活得如此匆忙，以至于大多数时候我们都没有机会好好谈谈。这样的结果，就是一种日渐增长的肤浅和千篇一律的日子。多年之后，人们会问：时间都去了哪里？

——罗伯特·波西格

（Robert Persig）

第四章　超越完美的同事的交流有何不同寻常
或培养组织的第三只眼

一旦我表示可以了，曼克斯就决定，鉴于他在博物馆里的研究已经足够，应该收拾起那几包研究材料和几摞卡片，给我们看看最后剩下的那堆他称之为"组织的第三只眼"的材料。"这些呢，"他说，"我们可以在饭桌上讨论。你们喜欢墨西哥餐吗，muy caliente 怎么样？"

安吉丽娜为这个提议表现出来的热情让我感到惊诧。曼克斯已经吸引了她——不止是头脑，显然还有她的味觉。

———————

在酒店里懒洋洋地消磨了一段时间，检查了信息之后，我们登上曼克斯租来的汽车出发了。曼克斯挑选了一辆丰田 Matrix，因为"这是他们那里外形最独特的一辆车"。

我们穿过山谷，向南山一路驰去。行驶的方向是中央大道，路上经过了我们目的地的那家餐馆，这样曼克斯就可以看到南山公园了。他告诉我们，这是全国最大的市立公园。我看出了为什么会是"最大"——它由一系列连绵的荒漠山岭组成，不需要太多的保养维护。我们在黄昏的微光中穿越大峡谷，路边的巨型仙人掌像卫兵一直矗立着。怀着对这篇广袤原野壮丽景观的敬畏，我们陷入了沉默。

———————

不过，餐馆里是毫无寂静可言的。这家叫做 Los Dos Molinos 的餐馆是那么的生机勃勃、精力旺盛。调味酱汁火辣非常，而 margaritas 又是覆满了冰，所以我们的嘴巴很快就辨不出味道来了。

从假使到及时

"好了，让我们进入最后一部分的主题。"曼克斯提议，说着拿出了那一小堆索引卡来。"有个小故事可以帮我们进入话题。故事的主人公叫丹·哈格曼（Dan Hagerman），他所运营的公司做糕点供应——嗯，我猜这是显而易见的，不是么？他拥有一间仓库，很多火车和司机负责供应。他告诉我，他以前对员工说过，不管他何时离开办公室，'不管你需要什么，都不要介意打电话'。所以员工们在所有时段都会给他打电话，让他做每一个决定。而丹是一个很精通世故的小伙子，他认识到他们的关系已经演变成了他充当'父亲'的角色。如果他希望员工能自己处理事务，那么这件事取决于他。于是，他再次跟他们说话时做了一个简单的变更：不是说'不管你需要什么，都不要介意打电话'，而是这么说：'如果有什么事情你们处理不了，给我打电话。'就这样，他的通话一下子减少了 90%。"

这个事例让我感到惊异，但还不到曼克斯抛出的另一个例子的程度。他给我们描述了鲍勃·西奥迪尼（Bob Cialdini）——社会心理学的国内领军人物——记录的一家实验：一家餐馆尝试减少正餐预定的缺席率。管理人员试着改变员工对电话预约客户的言谈，不是对客户说："如果您需要更改计划，请拨打电话。"他们转而询问："如果您需要变更计划，能否给我们回电话？"这就是要点——他们加了两个词。

曼克斯就这个实验补充道："这不仅仅是把陈述变成疑问的两个简单的词。猜猜，这对缺席率有什么影响？"他停下来喝了一口 margarita，强迫我们俩思考。不一会儿，他得意洋洋地说："降低了 60% 多呢！你们能想到这样做的重要意义吗？"

我当然可以，尽管我很高兴他没有要求我解释。他继续说道："丹·哈格曼减少了他 90% 的通话。餐馆降低了 60% 多的缺席率。这都是通过微小的改变。为什么这些小把戏这么强有力呢？因为它们建立了信息交换的期望。更深入地说，这个餐馆的例子还有另一层的教育意义——让人们通过问问题承担责任，而不是接受一个指令。这也再次让我们看到了提问的影响的显著性。"

这个"火与冰"的讨论我们进行了一会儿，每个人都仔细考虑提问的影响的显著性。接着曼克斯轻叩了几下桌子，作了一个短小的演说。我认为这个演说尤其重要。

"每个人都告诉你，在组织里沟通必不可少——如此等等。结果就是越来越多的交流——看法、更新、备注、报告和电邮——这么多的东西让大家更少交谈了。这也就是为什么超越完美的同事的特征之一，是当别人需要时，他们能及时把信息送达。

"你们知道'刚刚好'是如何产生的吧？我见过的一个经理——那时他是哈雷—戴维森的负责人——他说他们公司每一生产阶段都有大量的库存，这样他们总是处于'有富余'。大部分组织的沟通都是'有富余'，而那些总是最好的同事却是'刚刚好'。他们形成了共同的第三只眼——一副可以让他们确切知道别人需要什么的眼镜，这副眼镜在组织里围绕他们上上下下地观察。"

———————

曼克斯接下来转向了细节部分，好让我们了解如何在正确的时间传递正确的信息。"让我来告诉你们一下史蒂夫·哈迪森（Steve Hardison）的事情，他可是全国报酬最高的高管教练。听听这个：他每小时的收费是 1500 美元。而且你还不能只买几个小时。你必须签订每周 2 小时、连续 50 周的合约。预付费。算算这笔账。"

我们这么做了。耶！

"他坚信这个保证是对有效性的最大贡献，还谈到了一项对癌症患者的研究。这些患者长途跋涉到诊所，而这就是相关的地方：你旅行得越远，你就活得越长。但是，你们没让我脱离这个观点。从刚才那个教练费，你们想到了什么？一个你们从未经历过的沟通水平。史蒂夫·哈迪森说，他训练自己去听没说出来的话，没说出来的话。他称这个为'砖块间的灰浆'。"

"但是曼克斯，"我反驳道，"你在说'共同的第三只眼'和'听没说出来的话'。我原本想这个环节是要实践练习的。"

曼克斯发出一声有些戏剧性的叹气："那得循序渐进才能到达啊。我们还没积攒够跳跃的动能呢。"

组织的第三只眼

曼克斯回顾了早先我们谈论的一个人物沙恩·伊万格里斯特——百事达公司的一个年轻新星，从而转入了实践阶段。曼克斯说："当我与沙恩·伊万格里斯特聊天时，我问他如何激励一屋子的人。他回答说，他感到自己知道如何'阅读一屋子人'，但他也不知道是怎么做到的，好像是与生俱来的。不过，随着我们谈话的进行，他意识到他确实知道自己是怎么做到的，这刚刚成了他的第二天赋。

"举个例子，就是他的上司告诉我的一个小插曲，当时他做了一个空翻。他认为那是自然而然的，在阅读了那屋子的人之后。在开始会议前，他已经仔细研究过可能出席的每一个人，他知道他即将遭到反对，而且他需要做点什么改变会场的气氛。他研究了剩下的部分——合适的测试。大多数人通过排练演讲来为会议做好充分准备——这当然是好的，但是，这样的努力只适用于小测验而不是最终的考试。"

曼克斯用食指敲敲我的肩膀，对我说："我们来把这些放在一起。这就像它成为的那样可以实践。"

我咧嘴笑了。"谢谢你，第三只眼博士。"

我认为曼克斯或许因为我的俏皮话而生气了，因为他皱着眉头盯着我，露出不悦之色。这可不像他，直到他解释"我正在试着用我的第三只眼对你眨眼哩"，我才释然。

然后，曼克斯又回到了话题："沙恩告诉我，每次会议前他都会彻底想清楚每个出席的人，并且问自己：'谁需要被认可？'以及'在激发积极性的水平，每个人都需要什么？'换言之，这不是他如何给别人留有深刻印象；这是赞美和帮助别人。这是多么令人钦佩啊！现在，回想一下我们还在哪儿听到过类似的谈话。"

安吉丽娜马上作出了回答："有位女士有一个笔记本，记录了所有可能在会议中碰到的问题。哦，不是——还有个更接近的，那个拍录像的小伙子，就是建筑维修公司的那个。"

"史蒂夫·雷。他谈到过看到每个人的潜能。而且我想之前我没有提过这个，但是雷所说的其他东西让我又重新想起来了：

"'我雇用我能报偿的人。'

"雇人是为了给他们酬劳。充分考虑到你会打招呼的每个

人，这样来为每次会议做准备。一样的连续。史蒂夫·雷已经
到达拥有天赋的上司的水平，因为他认识到，他可以花时间更
正错误，或是给优胜者喝彩。你呢，更倾向于做哪个？"

"而沙恩·伊万格里斯特成了这家公司年轻经理群中难能可
贵的一位，就是因为他意识到，自己可以将时间花费在让别人
对自己记忆深刻，抑或是努力帮助他们。还记得他在飞机上从
头等舱转坐到经济舱吗？为什么？为了讨论青年人的未来。你
这么做了，以后不论何时你准备和这个年轻人会谈，你都熟悉
他，或许比与会的任何人都更了解他。这就是你的第三只眼是
如何发挥作用的：你让知识之光照入，然后发出意识之眼神。"

我们点的餐送上来了，于是大家开始用餐，但同时又都仍
然沉浸在思考和设计之中。最后我说："下面是我所思考的。像
大多数人一样，当我开始感到雄心勃勃时，我会努力领先别人，
并用辛勤工作给别人留下深刻印象。而且要做更艰难的工
作——我的老板肯定要感谢我。好了。不过尽管如此，在我们
公司努力的层次可是非常高的——太多的人工作非常努力，而
且做了更多分外的事情。我们努力的是，做更多相同的工作让
自己与众不同。反之，我花费额外的时间去做不同的工作，那
会怎么样呢？就像百事达的那个家伙，他不是单纯地干很多活，

他做的事情没有人能做到，比如会议之前花时间考虑清楚参会人员的需求。"

安吉丽娜马上明白了，她用手里捏着的炸玉米饼指着我说："不是做下一个工作努力的好人，他是通过做特殊工作让自己也变得特殊了起来。"

"我并没有假定有很多人非同寻常。"我回答道，"这就像一条线——'你是一个独一无二的个体，就像别人一样'——但是，你不需要任何特殊的先天才能，去描述如何做出一个非同寻常的贡献。你开始于想出什么是通常的贡献，然后才做出自己的非凡贡献。

"这也把我们带回到了跳跃逻辑：这就是所期待的。现在，还有什么我们能做的？"

————————

曼克斯几乎一动不动的坐着，为了不打断我们正在做的阐述；他还数度抿着嘴，紧咬着嘴唇，防止自己忍不住插入谈话。我们都看着他，等着他爆发，这可是让曼克斯与众不同的特征之一。

曼克斯来回转动着眼球，等着确认我们已经说完。随后，他既急切又热情地说道："我刚才只是坐在这里看着灯亮起来，就像我在黄昏中的索萨利托，看着外面旧金山的方向。"

第四章　超越完美的同事的交流有何不同寻常
或培养组织的第三只眼

过了一会儿，曼克斯又补充说："所有我询问过关于超越完美的同事的人，没有一个人提到某个比别人都要聪明的天才，没有一个人说到专利、工程或者编程。相反，他们谈的是那些有特殊见解或眼光的人，他们描述的这些人高度理解他人。

"他们没有描述那些比自己更优秀的人，他们说的是那些让他们觉得自己更出色的人。

"而且这对我们来说是个好消息，因为这是一项我们可以学习的技能。还有，当我坐在这里，品尝着这些美味的传统酱炖猪肉时，我听两位精确地解释了如何做到这些。为两位难能可贵的人才干杯。"

奇迹般地销售

饭后我们喝咖啡时，曼克斯给我们讲了一个男人的故事。那人肩负责任改变了科学和历史进程，而他既不是科学家，也不是销售员，但却设法售出了一个 10 亿美元的项目。注意故事里他是如何精明能干地跃入超越逻辑的。

"你们接触过生命科学百科全书吗？"曼克斯的这种询问只是一种介绍的方式，他并不等着我们的答案。

"媒体显然对此已经失去兴趣了，但仍有一个伟大的人在继续从事这项工作。这是生物医学领域的庞大工程，与建筑横贯大陆的铁路等价。

"就像铁路一样，这不是一个不能想象的构思——其他的铁路也建成了——而是一项工程，这项工程庞大到几乎不可能想象有人能完成它。

"这就给我们引出了查尔斯·德里斯（Charles Delisi）。他以前在美国国立卫生研究院工作了十年，研究细胞免疫学——不管它是什么。在那段时间里，他在思考能否完成人类基因排序。当他向同事抛出这个想法时，得到了一个他称之为'客气的冷淡'的回应。这个工程太浩大了，让人都无法去想象在此耗费智力资本会是怎样的。

"那时候——在他调职到能源部后，他读到一篇报告，里面提到了完成整个基因排序的想法。他的反应就是，'那么我不是世上唯一的一个了！'这让他鼓起勇气召集了一次会议，来研讨这个构思。收到的欢迎还是比较冷淡的。德里斯最希望出席的一个人给他泼了冷水，说：'我不想转变研究方向。'尽管如此，通过这次集会，他还是找到了一些追随者作为核心研究员。

"接着，德里斯肩负起了将这个可能耗资 10 亿美元、需要近 20 年完成的项目售出的责任。把它卖给谁？对 NIH（美国国立卫生研究院），它太巨大了，而且它也确实不适合 DOE（能源部）。不仅如此，他还得设立预算管理室来分配资金。也就是说，他需要在将项目售给某个科研机构（这其中的很多人觉得这个研究无比庞大，以至于它会从他们自己的努力中虹吸资金）的同时，将庞大的政府机构也出售给他们。不可能吧，是不是？

"不错，他们'天使畏惧处，愚人敢闯入'。也许德里斯就是一个有勇无谋的天使，但他承担了这个任务。这不是他的工作，但是他没有任何理由地接受了它。

"他告诉我：'我喜欢与人交谈，所以我四处走动，渗透入这个团体内部。'他选择了一个有趣的动词：渗透入。随后他找到一名议员——新墨西哥州的多麦尼斯（Domenisi）——用议会的力量帮助自己。关于将这个项目卖给为此负责的机构，你们猜他是怎么卖给他们的？"

"给他们指出他们的所需。"安吉丽娜很自信地说。

"他知道这一点：能源部习惯于接受庞大的工程项目，而不是庞大的科学项目。于是他以工程项目卖了它，并对他们清楚解释这是一个'有开始，有过程，有结局'的项目。他展示了整个项目，让一个不可能的大型任务看上去具有可操作性，一点一滴，年复一年。

"他也很骄傲地说道，能源部对他的建议这么回复：'这比我们看到的大部分事情都有意义。'

"他与工程师用工程术语交谈，同会计讨论美元，跟科学家说如何使自己晋升和更加努力。而且不论何时，只要有需要，他会置职业逻辑于不顾而紧紧跟随情感。而他自己也随身携带着一个可能的但混乱无序的基因顺序表。他也有亨廷顿舞蹈症①患者的录像，这是一种由单一基因引起的疾病，能让患者丧失运动神经控制——'舞蹈症'这个词出自和舞艺同样的词根——所以你能想象这部电影的力量了吧？"

曼克斯停顿了一会儿，让我们充分想象，而我不得不说我非常高兴德里斯清楚他在做什么。

"从这里，我们能学到些什么？"曼克斯很快问道。

我给他一个猜测："这不是他的分内事——这也不是任何人的分内事——而且因此这也不是一件理智的工作。所以它和我们的第一个假设很合拍。

"其次，没有人要求他成为一个英雄，但是他成了一个要求很多人成为英雄的人。当你听了他的推销，看了他的录像后，你怎么才能说不呢？你不能说出拒绝的词，因为他没有要求你提供钱财或是建议，他只是要你成为世界上最伟大工作之一的一部分。所以他有一个性感的大脑在工作。

"最后，他与那些听众用他们的行话交流——无论是工程学、生物学、政治或者官僚——就像使用情感这种普遍通用的

---

① 亨廷顿舞蹈症，一种家族显性遗传型疾病，通常在 30—50 岁时发病，特殊的表征为不能控制地跳动（舞蹈）、行为改变以及痴呆症。症状的产生是由于基底神经节的退化所致。

语言一样。他没有寻求帮助；他给你提供一个在政府部门工作的机会，一个为公共利益做出贡献的机会。这就是他如何把一个跳动的大脑与一只组织的第三只眼配为搭档的。"

————————

安吉丽娜将这些总结在一起，说："他是个可爱又不可理喻的人，他通过让每个人拥有梦想获得了巨大的大脑，然后通过与每个人谈论他们的需求闭合了这个循环。在他的案例里包含有普遍意义上的需求。"

非常夸张地，曼克斯举起了他的手臂，然后猛拍桌子，宣告胜利。

被爱的艺术

当曼克斯指出成为熟练的循环闭合者对我们的事业的价值时，我终于有了一次成功击败曼克斯的经历，这时我们正在穿过小镇回宾馆的路上。

"我们都知道，我们必须运用第三只眼去看别人看不见的循环。"曼克斯向我们介绍道，"想象下如果你被提升到一个新的工作岗位，而你能做到这一点的情形。

"这是康妮·马里诺的事例启发我们的另一个例子。你们还记得我说过她的上司提名她到白宫工作吧？尽管她也不是很肯定自己能做这项工作，但是一旦她在这个岗位上，她就做到了。

"她必须面对一系列的面试，其中最主要的一次是与她将要接手的人。她并没有仅仅讲述自己的情况，努力留给他深刻印象，她……"曼克斯自己停了下来。"猜猜下面的内容。"

"她仔细琢磨了要面试她的人。"安吉丽娜说道。

"确实如此。在她的例子中，根本上讲其实做出决定的只有一个人。她走进会议室时，不仅准备好了谈自己的长处，同时也了解对方。她了解他所重视的，他怎么谈论合作和牺牲，以及他称之为'仆人精神'的东西。她在面试中用他的语言与他谈话，而中途他站起来，出去找他的助手，并且说：'取消剩下的面试——我们已经找到我们需要的人了。'"

曼克斯穿过车厢内的黑暗看着我，我可以感受到他正戏剧性地眯着眼睛在探究。"我知道你在想什么。"他说。

他停顿着，等着我问他："但是，如果你要会见的这个人并不因公开的面试记录或文章出名，那怎么办？"

"每个人都是著名的——在某种层面上看。你可能找到商务评论文章，而你可以与跟这个作者一起工作的人会面，或者通过交往了解他或她。如果没有别的任何东西，那就问。"

———————

下一个论点，曼克斯告诉我们，观察闭合循环是如何让你

"被爱"。这里，他给我们举了一个 Taser International 的案例——就像你知道的，是这家公司的人。下面是他的论述。

"我和主席谈过总是最好的同事的话题，而他极力夸奖的就是公司的 CFO，他现在已被提升为 COO 了。主席菲尔·史密斯（Phil Smich）给人的感觉是，他应该是个议员——一位威严的男士，双眼炯炯有神。而且，孩子们，当他谈到凯西·汉拉恩（Kathy Hanrahan）由 CFO 升职 COO 时，他的双眼简直要发出光芒来。

"当这个公司准备挂牌上市时，一个正在管理公共捐赠的会计公司邀请菲尔出来，并聘他为'品牌'CFO。"这个职位可以获得在华尔街工作的那群人的信赖。菲尔的回复非常坦率：'你真是满怀……'嗯，我们就这么说吧，满怀'尖刻'。他是完全信任她的，这样他们的执行和供给也很快就做起来了。

"被供应商信赖是从未有过的事情，因为在 Taser 早期的历史中，他们有很长一段时间资金匮乏，有 9 个月没有收到货款。9 个月。即使如此，菲尔说：'他们中没有一个抛弃我们。他们爱她。他们知道她绝不会撒谎。而她也明白只要同他们交流，他们可以跟着她跳火海。'

"接着他告诉我跳火海的交流理论。他说：

"'你可以给别人的最好的东西莫过于，当然了，就是好消息。稍差点的就是坏消息。而最坏的就是没消息。'

"凯西深谙此道。你可以在提出疑问前得到信息，不止是与我，和别人也一样。"

曼克斯拍了一下方向盘。"这样又回来了——之前的那个词。"这想法让他很兴奋，"如果你是一个超越完美的人，你在会议开始前就知道可能会被问到的问题。你在面试开始前就知道什么可以给对方留下深刻印象。你明白下一个合理的脚步之外的足迹。你有个信息潜望镜，可以看到角角落落。"

"但是，"我试探着问，"什么时候会是信息多得过头？人们不会看穿你，并因为这只秘密的眼镜的愚弄而愤怒吗？"

曼克斯陷入了长时间的思考，我都想他是不是打盹了。天已经很晚，毕竟，他也刚吃完饭。因为是他在驾驶，这些担心让我忧虑过度，准备要夺过驾驶盘。

他终于注意到了，把我的手打到一边，说："我在想重要的事情。我在非常认真地问你们问题。我在努力思考佐证这个的例子。我在从能想到的所有例子中获得反面结论。

"就其中之一，记得我告诉你们的高价高管教练吧，史蒂夫·哈迪森？当我问他，在他的职业生涯中，哪位同事对他意义最重大时，他对一个经营技术公司的人赞不绝口。他简直为他疯狂。他说：'我参加了一次面试，就知道我想为他工作。他问我需要什么样的薪金，而我告诉他：'我不在乎'，而且我确实是这个意思。我甚至愿意为他免费工作。'"

第四章　超越完美的同事的交流有何不同寻常
或培养组织的第三只眼

"怎么会这样呢?"我问道。而曼克斯引用了史蒂夫·哈迪森的几个词:"我感到了他的深度。"我不太确定我是否理解这句话的意思,但我赞同也喜欢被别人认为有深度。(尽管我坦白:我想知道被人认为有深度的渴望,是不是特别肤浅的表现?)

曼克斯打断了我的自我怀疑:"在那里待了一段时间后,他成了一个明星雇员。有一天,老板对史蒂夫说:'我和你一起共事;我应该明白你是谁。'不错,史蒂夫是摩门教徒,而且是认真的。所以这个忙碌的 CEO 告诉史蒂夫给他们买些 BYU 球赛门票,然后他们会飞往比赛地度周末。他甚至说:'带我去神庙,让我看看你的世界。'不是因为他想要一个新的信仰和礼拜,而只是为了更好地了解一个了不起的雇员。想想吧:大多数人看到两个穿白 T 恤、打着领带的家伙骑着自行车,然后他们拉上窗帘假装自己不在家,而这俩人却正在飞往 BYU 和去神庙的途中。

"那么,"曼克斯耸耸肩,"这就是秘密之眼吗?我只能告诉你们,那之后过了 20 年,史蒂夫·哈迪森才用厚重的声音告诉我他研究了上司,并且'感到他的深度'。那么,你所假设的深度是什么?"

我很乐意听到安吉丽娜从后车座作出响应。"好奇心。他的深度就是他能从周围的人身上学到多深。"

一个统一的理论

"替我给她一个热情的击掌。"曼克斯说，并重重地拍了一下仪表板表示强调。"那么，现在我们已经谈到了我们的所有主题，总结为一个统一的理论就是：

"总是保持最好的同事之所以想得与众不同，是因为他们知道得更多。他们知道得更多，是因为他们问得更多。"

千万只眼睛

我们把车驶进宾馆的泊车区，侍应生赶紧跑出来去开曼克斯那辆租来的车。我们站在温暖的荒漠空气里，没有人想回房间去，但是谁都清楚订的是早班机。

"最后一个要点，说完我就要睡觉了。"曼克斯说道，"我的脑海里出现了很多例子，都是关于人们如何通过让更多的人为他们的观察和理解能力贡献力量，来增长闭合循环的技能。之前我们说过给大脑增加脑叶。这次我们应该思考为第三只眼的视野增加贡献者。人们对工作充满热情，而这有助于他们完成得更好。原因之一就是，热情是一块创意磁石。比如我，举个例子。你们知道我对什么热情高昂吗？"他问我。

"生活？莎士比亚？还是陈腐笑话？"

"这就是你所想的。别人寄给我有趣的笑话——他们给我整理的；我成了一个保管所，一个……"

"回收中心？"

曼克斯不当真地向我的手扇来，我侧身躲了过去。

"在我听到更多的诽谤前，让我们继续讨论莎士比亚吧。人们给我打电话说：'你听说过新麦克白要来镇上了吗？'或是给我邮寄一张新 DVD，或剪贴一篇文章。他们的眼睛就是我的研究对象，因为他们知道我的热情所在。而且这样的事情也没有什么难度。于是一个喜欢新科技的人就会有更多的眼睛，而一个喜欢新想法的人就会看到他们，间接地，通过别人的眼睛。人们热衷于成为别人的眼睛，这让他们与你走得更近。这就是为什么拥有热情并把它表现出来是那么重要。"

旅行车怎么拥有一张新床

"说说你对更好的客户服务有着很大的热情。比尔·麦克劳克林（Bill Mclaughlin），舒适选择（Select Comfort）的 CEO——你们知道我说的是谁吧？"

"睡眠指数床垫的人。"安吉丽娜回答。

"是的。他们的 CEO 每周发一封语音信件给公司里的每个人，大多在说更好的服务。而且他用电话系统联系，可以从雇员那里得到反馈——直接进入他的耳朵，没有中间人。

比非常好还好

"得到未经加工处理的信息是很难的。正如另一个执行官曾经告诉我的，她想要获得'还附加着感叹句'的评论。这正是麦克劳克林得到的。当然，他也听到过囫囵信息，但那也是他需要的一类信息，就像当初他们制定 30 天退货政策时。一名员工让他知道他刚刚毁掉了他们的枕头和床上用品的圣诞销售，因为这些礼品项目的购买通常要持续一个多月。于是那项政策马上被撤回了。

"但是我还想讲个故事。我很习惯这个。一名员工有一天给他留了一条信息：'我刚刚在这里遇到一位女士，她实在太喜欢她的睡眠指数床垫了，想在她的旅行车里也放一张。'于是公司联系了 Winnebago 房车公司，而现在这样的床垫已经出现在高端型号的车里。那名员工联系了他，让他分享她遇到这么满意的客户的喜悦。麦克劳克林的热情让他收到并利用了这个故事。"

曼克斯注意到我并没有因这个故事而特别兴奋，投给我一个他惯常的眼神。"你在想你不能由这个故事联系到论点，对吗？"

"恰恰相反。我在想我可以在外出会见客户时，利用这些小巧的记录器。一旦听到有用的东西，我就可以让他们给录成带子。他们会很乐意的，而我回去后可以在我们的会议中播放，让大家知道客户都说了些什么。它会成为一个特别好的方式，以此来表达对那些经历很多但依然合作的供应商们的敬意。"

记录手册

曼克斯按摩着我的肩膀和自负，然后冲着安吉丽娜笑笑，对她说："接下来这个建议是给你的，因为听上去好像你的办公室可以利用一下活力感染，而你就是带来注射器的人。我想对你说的是，安吉丽娜，要通过优秀的表现成为办公室里的专家。下面的案例就是阐述如何做到这一点的。

"马克·弗格森（Mark Ferguson）经营着新墨西哥州的霍顿公司，它是当今全美的地产领头羊。我们偶然为他想到了一个主意，就是让他为自己的团队创立一个记录手册。他们开始收集'大多数结束都在一个月内'的统计资料，以及与此类似的东西——那些显而易见的记录。但是，接着他们开始寻找其他的主题囊括进去，以便引进更多类型的员工。他们中的一员有着令人惊奇的业绩，被他们称为'零缺点漫步'。

"这就是你漫步验收你的房子的地方，然后你会列出一张不合格工程的清单。好，结果就是其中一位监理人在一条街上七次'零缺点漫步'。客户仔细看了七次也没有看出毛病来。啧啧称奇。他是怎么做到的呢？他开发了一个系统，而且非常有用。他即刻出名了。

"更多的记录这么写道：会议和职员报告开始时，听上去都像体育版而不是商业版。那是谁在做记录呢？谁在命悬一线岌岌可危？现在眼睛都大睁着，思绪纷飞，因为大家在努力帮助彼此。"

安吉丽娜点点头。"我可以理解如何做到这一点。而且我可以明白你所指的活力。我很乐意建立记录。我想到在体育馆里将繁重的锻炼完成得成为个人的最好纪录，得付出多大的艰辛——这就是我想带到工作中的那种热诚。"

新交易

没人想离开，所以我们又谈了一会儿销售，就站着院子里。我们明白，现在我们彼此有着相同的热情——搜寻更多的'完美'——所以我们得分享故事、想法和记录。而且我们也从曼克斯那里知道，我们还会共享夏威夷之旅。

"你们帮我完成的这个讲演进展得非常不错。"曼克斯开始说道，"只有你们两个在，才可能这么完美。从明天开始是新的一月，如果你们可以暂离工作，我想带你们去茂宜岛①。我希望和你们俩对付这个演说，我仍然希望你们两个在那里。所以，计划是这样的：在茂宜岛和我度过一个周末，作为对你们的灵感、引导和研究的谢意。成交？"

---

① 茂宜岛，夏威夷群岛的第二大岛，也是旅游胜地。岛由东西两个板块组成。岛上的景色既有阳光普照的沙滩、阴雨连绵的热带雨林、温暖蓝色的海水，也有富饶肥沃的山谷和荒凉贫瘠的火山。

茂宜岛风光

总 结

曼克斯的演讲

敢于幼稚。

———巴克明斯特·福勒

（Buckminster Fuller）

我最好的朋友就是使我最好的一面展示出来的那位。

———亨利·福特

（Henry Fort）

总结 曼克斯的演讲

我们在茂宜一个依地势建造的度假宾馆与曼克斯碰面了。这里的环境呢，当然，是一种让人兴奋的休闲氛围——如果你在热带岛屿旅游过，你会明白我指的是什么。

这个演说是面向一群市场经理们和他们的配偶的。我理解得相当快，这些事件我是不知道曼克斯在计划和研究的，而我随后也恍然大悟，他自始至终都知道结论——他只是以这样的演讲作为借口，以引导我们进入他无穷无尽的好奇。

让我来给你原原本本地叙述这个演说，它也是我们所学到的所有东西的总结。曼克斯运用的很多例子，当然，我们已经讨论过一些，所以我会把这些缩短为概要讲给你。

首先，场景：这是一个必须穿礼服的活动，根据夏威夷人的标准制定——有很多漂亮的亚麻线和丝线。有 40 或 50 张桌子，每一张都在中间摆着花饰和蜡烛，制造出柔和的色调。这样的屋子环绕着你，就像裹着一件柔软的黄色礼服。

介绍曼克斯的人是一个自尊心极强又很絮叨的人，不过这给了听众坐好的时间。他们让曼克斯站起来并在他脖子上挂上奖章的时候，气氛非常愉快。他在舞台那边蹦蹦跳跳，身上穿的是亚麻裤子和一件灰绿色的瓜亚维拉服——你可以在拉丁男士身上看到这样的 T 恤——而且，当然了，还有他那条标志性的波洛领带，带有一个圆圆的银质扣子。给曼克斯戴奖章的女士只有他身高的一半，所以他有点滑稽地很夸张地弯下身去，胳膊张开着。

当曼克斯挺直身子面向听众时，认识他的我们俩不禁被逗得大笑起来，因为那个奖章做成了一条波洛领带的样子。

接下来就轮到曼克斯演讲了。他从容地穿过舞台，走到紫檀木讲台前。舞台空荡荡的，只在他身后挂了一幅蓝色的帘子。他就这么戴着奖牌，重新别上无线麦克风，这样他就可以腾出两只手——没有笔记。他站了一小会儿，调整了一下，然后开始了。

———————————

"有人曾经通过报纸给我送了一则浪漫的广告。这是一个称为'我'的板块，后面跟着称为'你'的板块。'我'板块有一长串的形容词：

"我：体格健壮，活跃，外向，富裕，有教养，慷慨，催人奋进。

"而跟着的第二个板块呢，看上去只有两个词：

"你：感激的。

"这个优雅的词——感激的，在今晚有三个含义。第一，我非常感谢今晚你们所给我的荣誉。第二，我非常感谢听众中两位特殊的人物。"

他让我和安吉丽娜不得不站起来，以告诉每个人我们就是赋予演讲灵感的人。听他这么一说，似乎我们就是他所要讲的所有事情的作者。

"最后，我非常感谢所有的同事——上级、雇员、供应商和客户——是他们让我做得更好。他们用真诚的激励影响我，不只是赞扬，更有推动和拉动。他们告诉我，我的工作非常完美，这让我很满足。他们也迫使我要做得更好。

"我很愿意邀请你们每一位仔细想想你们共事过的最好的同事，这个人是你自己愿意再次选择与之一起工作的，如果你只选了一个的话。我留出一分钟时间，让你们在心里勾画这个人。"

通常来说，让一个刚刚吃喝完毕的人沉思是很难的，但是我环顾四周，看到很多笑容浮现，会场里响起了阵阵轻声细语，是夫妻间在互相交流各自想到的人。终于，曼克斯打断了聊天，我们惊异地看到他走下舞台，来到了听众席间。

"如果你现在没有张嘴笑，那就说明你还没有正确地做到。"他指着一些正在咧嘴而笑的人，对他们点点头表示明白。

接着曼克斯作典型提问。最令人难忘的是一位管理放射门诊的医学博士。"就是说，"那位医生对我们解释，"我在一个通过伤害人们而给他们帮助的地方工作。"

比非常好还好

他接着说道——他的嗓音因回忆而变得浑厚：

"在我们那里工作的一名护士，她具有残忍的高效和可爱的善良。有一天，她问我能不能在等候室里挂一只钟。我们经常说她是位天使。有一部叫《风云人生》的电影里就有这么一件事，当你听到钟声，天使就会长出他或她的翅膀——不过，我有点犹豫。她对我保证我会喜欢，如果一个星期后我还是不喜欢这个主意，她会把钟取下来。"

她做到了，当然啦，借助一次实验售出了她的构思。不过别着急，再听听那只小钟发生了什么。

"她挂起了那只钟——也许有4英尺高吧，钟锤上栓着一条细细的尼龙绳——基本上就是一只就餐钟。然后她开始告诉顾客，当他们结束了治疗期后，他们可以敲响这个钟，表示他们战胜了病魔。

"是的，实验周到来又结束了。此时，疑虑全消，我会痛揍每一个想取下那只傻钟的任何人。不管什么时候听到它，我们每一个在等候室里的人都会欢呼，而且全体职员都会跑到那个人面前向他祝贺。而别的病人也会看到这些。这也成了一种庆祝活动：'我用了两个星期才敲的钟！'

"某一天，我想到了一个词来响应这只钟：欢欣鼓舞。在另一间患病和恐惧的人的办公室，现在也有了极为快乐的时刻。而它让每个人都想获得更多的快乐。

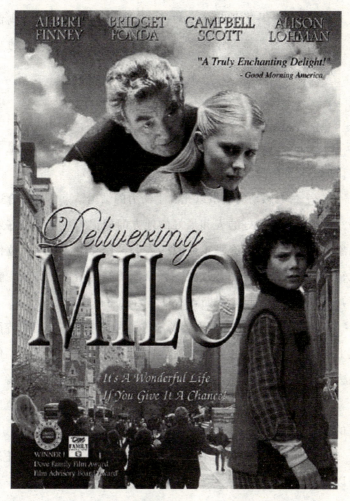

ALBERT FINNEY　BRIDGET FONDA　CAMPBELL SCOTT　ALISON LOHMAN

"A Truly Enchanting Delight!"
- Good Morning America

Delivering
MILO

*It's A Wonderful Life
If You Give It A Chance!*

WINNER!
Dove Family Film Award
Film Advisory Board Award

美国喜剧电影《风云人生》海报

比非常好还好

"现在我们有了许多的特别日，比如某天我们都会穿着打扮得像马克思兄弟中的一个一样。而我也相信，我们的病人会因此而治疗得更好。我们正在努力帮助他们的生活。我们也让办公室成了一个充满生命力的地方。"

———————————

听众中很多人都被这个故事感动得热泪盈眶，曼克斯温柔地让护士和钟的故事带他进入了下一个演讲环节。

"一个令人感动的故事以充满生命力的结尾结束不是很合适吗？这难道不是最好的人和最好的地方的标记吗？让我们好好想象工作场所中那些充满生命力的人们。让我们从整理一位伟大领导的个性清单开始。这是一张众所周知的清单：高尚，睿智，善良，心胸宽广，果断，而且，当然还有非常能干。

"现在，这里就是使人困惑的地方。考虑考虑这张领袖特征表上的项目，并且思考：如果有人问起其他人的这种列表，你会去除哪些？我说的是，理想的工程师或者杰出的客服代表。

"好，如果定义一个优秀的供应商，你会去掉哪个？一位出色的客户？或者，另外的，一个好朋友或者配偶？"

曼克斯等着，假装这不是一个文字游戏。没有人提出任何可以去除的候选项。

"如果你和我一样，你不会去掉任何一个。我也不相信有任何必要再添加一些。这也可以说，我们正在描述人类最好的品质。当我采访所有不同地位的人们关于他们的最杰出的同事时，我听到的都是关于人性最好一面的故事，发生在工作场所的故事。"

分析得出的结论是这样的：

如果你想学习成为一个更好的上司，那么先学习成为一个更优秀的顾客。

如果你想学习成为一个更好的雇员，那么先学习成为一个更优秀的老板。

如果你想学习成为一个更好的供货商，那么先学习成为一个更优秀的朋友。

"这些技能是可交换的，因为它们是做人做到最好的候选技能。"

此时他暂停了一下，似乎有一个新的想法刚刚在他脑海中闪现，他的声音转为叹息般的怜悯。

"有一个不可思议的印度故事，讲的是一位王子的经历。他在孩提时被土匪拐走，之后被这些土匪养大，并且成了一名娴熟而且残忍的土匪——一个不知道还有别的生活、忘记了出身皇家的人。

"有一天，他又一次进行这声名狼藉的交易时，让国王的精神导师大吃了一惊。这位导师在强盗的脸上看到了国王年轻时的容貌，他马上意识到这个男孩是谁，并且用深沉亲切的语气对男孩说：'尊贵的殿下。'年轻人则用嘲笑作出回应。"

回到讲台，曼克斯从他的口袋里拿出一小片纸打了开来。

"这是刚才那个故事的结局，由了不起的作家艾克纳斯·伊斯瓦伦（Eknath Easwaran）写成：

'这位精神导师走到年轻人面前，用胳膊抱着他，并且开始给他讲述他童年的故事——他的父亲从前是如何把他扛在肩上，他的母亲从前是如何唱着歌哄他入睡，他的生活在那里是什么样子。

渐渐的，王子开始记起来了。他说："继续，继续讲！"精神导师继续叙述他尊贵的童年轶事。终于，年轻人说："现在，我想起来了"。然后他返回家园，来到他的父亲——国王的身边。'

"当我们在寻找使组织不同寻常的人时，我们认识到，他们这么做是因为他们本身与众不同。他们是能记起天赋的人。他们所有的天赋，我们也都具备——人性的光辉——然而他们之所以是特殊的，是因为他们记得运用这些天赋。他们没有因为要完美扮演社会所赋予的角色而被困住；他们是记忆领域的探索者和先锋。"

总结　曼克斯的演讲

————————

曼克斯稍停了一会儿，喝了口瓶子里的水，准备接下来改变语速和话题——从现在开始更快地进行。

"哲学已经谈得足够多了，来让我们做些实践。我想告诉你们三个杰出同事迥异于典型的专业人士的地方。

"他们不可理喻得可爱。

"他们有性感的大脑，那是可以吸引别人大脑的大脑。

"他们还对他人的沟通需求有着不寻常的感知力，就是说，他们有一只组织的第三只眼。

"换种方式说——他们思考、学习和相处都与我们大多数人不同。这三点中的任何一点都能让一个人独特；所有这三点让他们看起来好像来自一个更高等级的物种。

"我们那位与钟一起的朋友就是一个定义想法特别的人物特征的例子；他们不可理喻得可爱。思考一分钟：一只放射诊所里的钟？这合理吗？这合乎逻辑吗？只有在事实发生之后才清楚了。这又是一个护士职责的一部分吗，安装钟？不，当然不是。

"但是，她没有做一个完美的护士——她做的比这更多。为了达到这个境界，她必须先扔掉护士的逻辑，并且跳跃到服务的另一个水平——和跳转为星际速度类似，或者是有些人喜欢

—— 157 ——

称谓的超越逻辑。一——三——二。

"当你们听到这个故事，我想你们会明白为什么我将这些人类的光辉范例概括为超越完美。通过做多于本职工作的事情，他们成了真正的文化创造者，他们在周围建立起了这样的文化。"

———————

曼克斯又讲了更多的"不合理"的例子，包括：

顾客——摇滚明星有几天当打字员和李维的那位女士寻找更好的传送信息的方式两个例子。

雇员——一个新的"门房"服务的初期预算无法获得但仍开展项目的女士。

老板——将自己的明星员工送到白宫工作的军医，而那时她甚至都怀疑自己。

生意——包括建立革新并同他的五个小组庆祝"最终四项"的包装公司，和当天送货的家具商场。

———————

"这些都表现了不同的思维方式。"曼克斯继续他的演说，"你只做合乎逻辑的事情是无法得出这些结论的。你也不能以你完美的工作达到这个境界。这些是比一个合情合理的人更加体贴、鼓舞人或倔强的人们的例子。

"你能回头看看，说说他们的行为，'呃，这让他们筋疲力竭，甚至停留在个人兴趣阶段时就已经结束'？是的。他们有高瞻远瞩的目光，而此时我们还在眯着眼睛看前方。他们不会问前方的十字路口发生了什么；他们已经开车驰入下一个街区，并且送回了情况报告。他们送回来了什么样的情报呢？简单来说：你从不知道的。有些有趣的事情在别的地方，而我们需要给它一个聚焦镜头。

"保持一贯性的人——我指的是大多数的银行职员、投资者、管理者和执行者们——渴望确定的东西，但他们需要的只是一点点你从不知道的东西。确定所在之处，就不会有发现。必然出现之地，也必不会有英雄。"

————————

曼克斯的声音长久回荡在演讲厅里，他则缓慢步回讲台，从瓶子里喝了些水。这似乎不是我们在听一场演讲；这倒像是我们坐在一个英明之人的书房里，而他在漫步和沉思。

他伸手捋了捋他稀疏的白发，然后转身面对我们，好像他刚刚又想到了一些别的事情要继续讲给我们。

————————

"这几年里，我听过的一个最糟糕的商业故事来自一本关于

JC 彭尼公司的书。公司创建者詹姆斯·卡斯·彭尼（James Cash Penney）先生是一位令人钦佩的人，他建立了一个卓越的组织，这很大程度上是通过给店铺经理实验的自由，将供应链转变为零售实验室的一个系列行动而完成的。

"但是，让我给你们讲讲糟糕的那部分。直到他逝世的那天，詹姆斯·卡斯·彭尼都以他整洁的外表而骄傲，他也经常为他的衣服都是彭尼品牌而自豪，Towncraft，就挂在衣架上。我很遗憾地告诉你们，这不是真实的。

"他对此一无所知，他的衣服都是定做的，然后缝上 Towncraft 的标签瞒过他和公众。为什么？因为他周围的人觉得他穿普通的衣服不再合适，因为他已经成了梨形身材，很难合身。

"真相就是 JC 彭尼公司没有给彭尼先生做适合他的衣服。他们欺骗了他。这样做，他们损失的不仅是荣誉，还有创造。

"害怕真相阻挡了学习。如果他们接受了这个事实，也许他们会发展出特型服装的生产线。或者他们会为妇女也做同样的衣服，又或者他们已经击败了零售供应的 Chico's——全球最流行的零售商之一。由此得出的结论就是，旧尺寸的模型再也不合适了。彭尼公司之所以丧失了这个市场，就是因为他们害怕面对真相。

"另一方面，我们今天在这里赞美的同事们，不仅对真相感兴趣，而且他们对新的真理和新的人都有着极度热情的好奇心。

他们懂得，知道有与自己想法不同的人是促使自己增长知识的一种好方法。

"我们超越完美的同事建立了庞大、跳跃、联通的大脑——他们有一个可投资利用的互联网真人版。当面对工作时，他们不是发出指令。他们问问题。这就是说，他们不是仅仅回想自己的经历或者知识，而是发挥巨大的大脑的杰出智慧。"

接着，曼克斯提供了百事达年轻明星雇员的例子，他叙述了他激励团队成员的大脑将订货流程时间减少到比他期望得还少的事情。随后，曼克斯继续讲述其他的学习方法——实验和欢迎批评。他讲到不能成为伟大的教堂，于是它通过一个小项目的启动，使其成为优秀的教堂。然后他说起弗兰克·格瑞，"一个如此伟大的天才，他愿意撕碎自己的作品然后重新做一遍，并且有信心做得更好。他没有提到80/20接近理论——这很遗憾，因为我已经在努力推进项目发展，而这是一个激励大脑的强有力的方法。尽管如此，他还是提到了那个带有中庭艺术走廊的建筑和50美元的鞋模型。

曼克斯又一次走进听众席，结束了他上一段的演说。

比非常好还好

"你们知道那个古老的表达'心动'吗？它的意思是，某人让你迷醉不已，你的心因为他而飞快地跳动。就像拉夫在这里一样。"

曼克斯站在这个组织的主席身后，手放在那位男士的肩上。

同时，我感到安吉丽娜的手抓住了我的前臂，而我猜想她正要对我低声说些恭维的话，但她只是借助我的手臂把自己撑高些好看到那个家伙。而且，是的，他是一个老当益壮、衣着时髦的人，就像比尔·克林顿。

"然而，并不是心动，我研究的这些同事是大脑跳动。他们有性感的大脑。他们让你的大脑悸动，因为你知道他们会告诉你一些新奇的事情，或者问你一些不同的事情。他们会找出些意料之外的东西，他们是好奇病毒的携带者。"

———————

曼克斯沿着过道随意走动，让沉默引发好奇。接着，他毫不费力地进入了第三部分。

"你从不需要提问。"

"这是一个我们在调查中经常听到的小小赞美。你从不需要提问。为什么？因为当完美的同事问合适的问题时，超越完美的同事已经问过足够的问题来了解你需要什么，并且已经想出了更好的问题给你。"

总结　曼克斯的演讲

————————

　　曼克斯继续讲着，说到（Taser Iatemational）公司那位女士，有关于信息的三个水平——好、坏和没有。他也描述了百事达经理挪到飞机经济舱谈论一个年轻同事的职业，除此之外还讲到了睡眠指数床垫的那些人用到的越过官僚主义的电话系统。接着，他给我们叙述了查尔斯·德里斯的故事，关于他售出 10 亿美元人类基因排序工程项目的事情。他从另一个角度阐述了那个故事，很值得复述。

————————

　　"德里斯博士所做的就是，像他售卖执行的可能性一样售卖这个梦想。他向科学、工程和政治人物推销时，都会根据每一位听众的耳朵调整他的卖点。他不只是讲述一个故事；他讲述的这个故事每一位听众都需要听。他怎么知道的？他问的。

　　"由此，我们看清了，这些是如何一起互相配合的。他做了一件不合理的事情，即承担了一个没人分配给他的项目。这个项目不属于他，同样也不属于其他任何人的职责范围。承担这个任务并不是一件合乎逻辑的事情，但是他仍然自己做了。一，三，二。

　　"他从咨询问题开始，从鼓励他人开始。他是好奇心的携带

— 163 —

者。而接着，他根据需要把这种好奇心反射成第三只眼的视界。

"他不是单纯地拿出了一个计划。他也不是仅仅有个梦想。他有个故事，而且他给每个听到故事的人一个在这个伟大梦想中所扮演的角色。他不只是个英雄；他是英雄的制造者。"

人们被这个故事打动了，而曼克斯则留出时间让他们在他登上台阶返回舞台时好好思量这个故事。他已经因为这个论题而超过了指定的时间，他也这么告诉了大家。有人大声喊道："继续讲！不要着急！"其他人也大声喊着"同意"。曼克斯对着他们开怀笑了，然后拿出一块手帕擦了擦他的前额。当我意识到什么时，他已经在汗津津地开讲了；他让我们明白了一只老狮子体内的一点一滴的能量。

"非常感谢你们。但是我已经接近结尾了。当你们对自己得出的结论毫无疑问时，我今天所讲述的观念就是和此相关的。杰出的同事思考的不同，因为他们已经学到和交流了很多。不过还有一样不我想省略：这些人使组织更加优秀，是因为他们本身就是更优秀的人。

"他们不只是出色；他们让每个人更加优秀。他们的乐趣就是我们的乐趣，而这也是我偶然得出的最好的工作场所里的友谊的定义。

　　"这样的男人！这样的女人！这样的朋友！如果你是这种寻求新思想的人，无论在哪里或是在谁那里找到，你是个心胸宽广的人。如果你在实验和学习，你是勇敢的人。如果你在得知永远无法到达终点时还在寻觅理解，你是心怀悲悯的人。如果你没有询问就付出，你是慷慨的人。

　　"让我们看看这四种美德吧：心胸宽广，勇敢，心怀悲悯，慷慨。把它们加总在一起，你就得到了一种古老的美德：高尚。

　　"这些让组织不同寻常的人就是组织中难能可贵的人，他们接纳那些资助我们的人，跃起，进入到可能的成功。他们完美吗？当然。而且他们改变，让我们一次又一次地惊讶。他们比完美还要出色，比非常好还好。"

　　曼克斯微微地鞠了一躬，我们知道他已经结束了。然而，听众们还在等待，期望更多。但他转身离去。人群起立，室内的每个人都热切期望自己是第一个站起来热烈鼓掌的人。

后 记

　　你可能想就此停止关于曼克斯的演讲的阅读。但是，发生在我身上的事情你也许有兴趣了解，而这也是安吉丽娜和我结束夏威夷之旅和曼克斯的演讲聆听之后的事情。

————————————

　　很快，曼克斯说服我写了这本书。他可没有等待的耐心，但是他知道我们正在做一些重要而且值得讲给你——我们的好读者——听的事情。

比非常好还好

旅行回来，我确实感到我们全部理解了。不过头几个月过后，我不是那么地确定了。我待会讲给你，这会儿得先让我给你讲一些安吉丽娜的最新消息。

安吉丽娜回来后担负起了创建公司记录册的职责。这个想法非常受欢迎。她开始发出最新的消息，很多人都期盼可以参与到记录活动中来。这个项目让她接触到了全公司做出卓越成绩的所有人，而她也成为获得巨大成功人的梦之中心。公司的一位副主席发现这件事情后，让人力资源部负责人设立了一个优秀导师的位置。古怪的头衔，以我看来；但是，这对安吉丽娜起了某种特殊的影响。她被派出去参观那些在做非凡事情的公司以帮助自己公司的员工，并且从这些构思出发为公司开发了更好的创意。于是，她突然就成了高级管理和高级执行间的沟通桥梁。她把自己不偏不倚地置于公司的潮流和前途之间。

唯一不利的是，我不能像以前那么频繁地见到她了——她总是在旅行。但是她更开心了，而且知道她把自己本性最好的一面和她的工作连接起来了。这表明在她的私人生活中，同样地，现在她再也不必每天花时间思考她哪里失败了。随着蜂拥而入的个人生活的变化，她终于停止了对我的困惑，于是我们定了结婚的日子。最后确定，我们将重返茂宜岛的那家度假旅馆，在曼克斯讲演后的一年零一周后那天。

至于我，我返回工作并且期望能研究我的"组织的第三只眼"，而后开始寻觅那些正在做令人关注的事情的人。我发现，在我们公司和周围存在着许多难能可贵的人们。同这些人交流的层次是不同的——他们喜爱讨论问题和解决方案。当他们碰到一起有个互相领会和认识的机会时，有最机敏问题的人获胜，因为他们都想要投入并帮助那个人飞跃到超越逻辑。进一步，通过寻找超越完美的同事，我开始从不同角度注视自己，尝试生活得积极向上。

曼克斯寄给我一份信件的副本，上面的重点被标注了出来，包括这一段：

　　〔你的〕个性中应该有某个人可尊崇……这个人乐于提高他人，不仅仅当他出现在他们面前，而且也当他出现在他们的思想中！而幸福的人，崇敬他人，能在他人的回忆之光里调整并形成自己的个性。一个人可以敬畏他人，因此也将很快得到应有的尊敬。

尽管如此，当我正在学习那些范例时，出现了一个障碍——非常大的一个。我开始大声宣讲受欢迎的同事这个思想，而接下来我知道的就是——砰！——一位高层人员迎头扔给我

比非常好还好

一项噩梦工程，与要求古怪的客户一起工作。

我马上给曼克斯打电话，取笑他的手段把我钉死在了一个无法脱身的困境，而他的回应，就像我应该猜到的那样，"我想知道反困境手段是什么样子。不管是谁，只要想出了这个，都应该是个彻底的英雄，啊？"

于是，带着很多的叹息和自怜，我决定自己创造一个最好的。我意识到，我们公司里其他和"古怪的人"一起工作的人一般都会避开他。我决定要去理解他。几次会议后，我告诉他，如果我能与他在他认为有意义的工作上合作，这对我个人会非常有帮助。（我当时想到了曼克斯所讲的那个与摩门教员工一起参加 BYU 游戏的上司的故事。）我的客户带我去了一个射击场。我从未想过要和枪打交道，所以这简直就是一个负担。但是，我在那里看到他在休息，而我们一起也有了开怀大笑的时候。一周后，他带我去飞碟射击场，这次我真正获得了乐趣。

你也许正想着说："你的观点呢？"

好的，我仍然不是枪械爱好者，但我确实学到了一些东西，而当我们一起冥思苦想他的新办公楼会是什么样时，我带了两枝来福枪到会上：一枝很便宜，很实用，而另一枝是收藏品，这是送给西部枪神希科克①（Hickock）的一枝枪的豪华模仿版。

----

① 枪神希科克，美国内战时期的边疆保安官，以神枪手闻名，常赌博滋事，后被一醉汉枪杀。

你可以想象那次交流是怎么进行的：我问他想要造价便宜的路线，还是创造非凡事物的路线。结束时我们问了自己一个问题："能有多精彩？"

办公室里的犬儒学派之徒因我们提出的东西而大大吃惊，这其中还包括预算远远超出任何人之前所能相信的。我们创造了一个现代化的建筑物，并用一些东西向古老西方致敬，包括由枪械金属产生的灵感的设计主题。此外还有一座小小的靴子山，旧产品和糟糕的构思在这里举行了葬礼。而且还有一个"沙龙"，员工可以在这里喝点东西，并展开"创意枪战"。

因为这个胜利，我的职业生涯发生了两件事情。我如今获得了公司里所有"不合理的"客户，而且这对我来说还很不错——大多数人只是想获得像别人那样的特殊对待——而我相信他们每一个人只是这样而已。我怎么知道所有这些顾客想要被如此对待呢？我问了。而第二件事是，我被派遣去会见希望得到一些新的、非同寻常的东西的客户，而这正是我想要的工作内容。

———————

那么，我们能学到什么？

以安吉丽娜和我的经历为例，我能看到现在我们在思考、学习和交流的不同性方面拥有了专业知识。这就是引导你让你

— 171 —

拥有一个组织的第三只眼和性感的大脑的东西，从而提出可爱的不合常理的努力。试试。从做得"完美"开始，然后把它做得更好。

通过这个，我们获得了完整的闭合循环，而你可以体会到我在开始为我们所选的引子——乔纳森·斯威夫特的一句话："祝你度过生命的每一天。"这些献身于超越完美的人，才知道那是什么感觉，就像他们知道的那样，每天都是一个发出疑问的机会：

能有多精彩？

致谢和引用资料

　　这个引起广泛共鸣的不可思议的问题——"能有多精彩"，源自一部由迈克尔·蒂尔森·托马斯导演的纪录片，名叫《保持储备》（*Keeping Sptore*）。你可以在旧金山乐队的在线商店中买到，而我也不能过于高度推荐它——它是一个和超越完美的演员一起让大脑跳动的旅程。

　　我在书中提到的书，你可能想要更多的细节：克莉丝汀·汤普森所著的《谋事伍斯特，成事吉夫斯》由 James Heineman 出版。在书中讨论的 A. A. 米尔恩的书是《红屋子神秘事件》（*The Red House Mystry*）——我收藏的版本是 2003 年 Wildside

出版社出版的。关于詹姆斯·卡斯·彭尼的故事出自《愚人的庆典：揭秘 JC 彭尼的盛衰史》（*Celebration of Fools: An Inside Look at The Rise and Fall of JCPenny*），作者是比尔·海尔（Bill Hare），由 Amacom 发行。

几乎书中所有其他故事都出自我和别人的面谈。我非常感激他们的时间和资源介入我们的帮助循环圈。

这本书同样也获益于一群超越完美的同事——助手，律师……书中引用了以下作家的作品，诸如 Janet Traylor、Bobette Gorder、Steve Brown、Bob Cialdini、Connie Denk、Paula Wigboldy、Joel Dauten 以及 Sandy Dauten，我非常感谢；同样也向出版社的乐于助人的人们和国王专栏、革新实验室的朋友们致谢。